당신 참 좋아 보이네요!

YOU'RE LOOKING VERY WELL

당신
참 좋아
보이네요!

루이스 월퍼트 지음 · 김민영 옮김

알키

당신 인생의 클라이맥스는
아직 오지 않았다!

그리스 신화에 티토노스^Tithonos라는 한 잘생긴 남성이 나온다. 그는 트로이의 왕 라오메돈의 아들로 새벽의 여신 에오스^Eos와 사랑에 빠진다. 에오스는 인간인 티토노스가 죽지 않고 영원히 곁에 있기를 원했다. 그녀는 제우스를 찾아가서 간청을 했고, 그 결과 티토노스는 불멸의 삶을 얻게 된다. 그러나 여기에서 신도 실수할 때가 있다는 사실이 드러난다. 에오스는 제우스에게 죽지 않는 삶을 달라고 했지, 늙지 않는 삶까지는 부탁하지 않은 것이다. 한때 잘생긴 외모를 자랑하던 티토노스는 시간이 갈수록 늙어간다. 에오스는 노인이 되어버린 티토노스를 방에 가둬놓지만, 몸을 가눌 수 없이 쇠약해진 그는 끊임없이 중얼거리며 온 방을 휘젓고 다닌다. 에오스는 늙어서 정신이 이상해진 티토노스를 더 이상 견디지 못하고 결국 매미로 만들어 버린다.

우리는 이 신화가 담고 있는 메시지를 생각해볼 필요가 있다. 20세기에 들어서면서 인류는 그 어느 때보다도 오래 살게 되었다. 불과 100년 전만 해도 41세였던 평균 수명이 이제는 77세가 넘어가고 있다. 거의 2배 가까이 증가한 것이다. 앞으로 몇 년 후에는 평균 기대수명이 90세까지 늘어날 것이라고 전문가들은 예상하고 있다. 이제 더 이상 100세까지 사는 사람을 기적이라고 생각하지 않는다. 평균 수명이 100세를 넘기는 '100세 시대'가 코앞으로 다가온 것이다. 그러나 오래 사는 것이 과연 행복한 삶일까?

과학 기술의 눈부신 발전이 인류 수명을 연장시키긴 했지만 노화까지는 막지 못했다. 우리는 티토노스처럼 불사不死의 삶을 얻은 대신 불로不老의 삶은 갖지 못했다. 초고령자가 된 노인들은 일부 부유한 계층을 제외하고는 정부의 다각적인 지원 없이는 하루도 살기 어렵다. 지금도 많은 노인들이 숱한 질병과 노화현상으로 일주일에 한 번 이상 바깥출입 하기가 어렵고 치료비를 대기 위해 집을 팔아야 할 지경까지 가고 있다. 젊은이들은 부모를 부양하고 자식을 양육하기 위해 쉬지 않고 일을 해야 한다. 심지어 그 기간이 과거에 비해 몇십 년이나 늘어났다. 또한 노동 인구 감소로 인해 경제 상황은 심각한 국면에 처하게 될 것이다. 정부는 연금 제도 확산과 정년제 폐지 등 여러 방안을 찾고 있기는 하지만 고령화 사회가 안고 있는 불안감을 확실하게 없애주지는 못하고 있는 실정이다.

나는 이미 은퇴를 했고, 몇 해 전에는 여든이 된 기념으로 생일 파티를 했다. 한때는 이 사회에서 더 이상 쓸모없는 존재가 되었다는 불쾌한 감정에 사로잡혀 우울증에 걸린 적도 있다. 다행히 약물치료와 정신과 상담을 통해서 완전히 나을 수 있었다. 요즘은 매일 마을 주변을 산책하고 있으며 꾸준히 글을 쓰고, 몸에 좋은 음식만 먹으려고 노력한다. 그래서인지 '참 좋아 보이세요!'라는 말을 자주 듣는 편이다. 우리는 흔히 안색이 좋고 건강한 삶을 살고 있는 고령의 어른을 마주하면 이렇게 인사를 건넨다.

"어르신, 얼굴이 참 좋아 보이세요."

이 말은 고령자의 입장에서 가장 듣기 좋은 칭찬이다.

지난 번 우울증을 겪으면서 나와 비슷한 증상으로 어려움을 겪고 있는 사람들이 생각보다 많다는 걸 알게 되었다. 그리고 이 책을 써야겠다고 마음을 먹었다. 난 사람들이(믿기지 않겠지만 어떤 특별한 상황을 제외하고는 대부분의 사람들이 노인이 될 것이다. 지금 이 글을 읽고 있는 당신도!) 노년의 삶에 대해 제대로 알아야 한다고 생각한다. 그런데 사춘기를 겪고 있는 청소년과 그의 부모를 위한 책은 많이 있지만 똑같이 질풍노도의 길을 겪고 있는 고령자를 위한 책은 별로 없다. 그래서 나는 나이를 먹는다는 것에 대한 모든 것을 담기로 다짐했다. 이 책에는 노화와 질병, 인간이 나이를 먹는 과학적인 원인과 과정, 고령화 사회의 단면과 대안, 은퇴 이후의 삶과 준비해야 할 것들, 죽음을 받아들이고 살아가는 사람들 등 노년에 대해 알아야 할 모든 정보가 담겨 있다. 또한 사료史料에서 발견한 고령자에 대한 부정적인 태도, 신화와 고전 작품에 묘사된 노년의 비관적인 모습을 소개함으로써 노년을 바라보는 차별 섞인 시선이 비단 지금뿐 아니라 인류 역사상 모든 세대에 존재했다는 것을 알려준다.

얼마 전 벨기에의 연구팀이 흥미로운 조사를 진행했다. 사람의 나이에 따른 행복의 정도를 그래프로 나타낸 것이다. 20대부터 80대까지 모든 연령층에게 지금 느끼는 행복의 정도를 수치로 나타내도록 한 뒤에 그래프로 그렸는데, 결과가 실로 놀라웠다. 30대부터 행복의 정도가 점차 낮아지다가 40대가 되면 최저점을 찍는다. 그리고는 서서히 올라가서 80대에 최고점에 도달한 것이다. 연구자들은 40대는 부모와 자식에 대한 책임감과 부담감이 심하기 때문에 행복하다는 감정을 갖지 못하다가 80대가 되면서 모든 책임을 내려놓고 남은 삶을 살아갈 수 있기 때문에 만족도가 가장 큰 것이라고 분석을 했다. 이 결과를 놓고 보면 40대 이후는 행복할 날만 남은 것이라고 할 수 있다.

노년은 삶은 불행하지 않다. 유아기부터 청년기까지 치열

한 경쟁 사회 속에서 살아남기 위해 애썼다면, 당신에게는 그 이후의 삶을 느긋하고 여유롭게 즐기면서 살 권리가 있다. 어떤 도전이나 뜨거운 열정도 나이 때문에 포기해야 할 이유가 전혀 없다. 당신 인생의 클라이맥스는 아직 오지 않았다. 숱하게 많은 날들을 행복하고 건강하게 지낼 것인지, 병들고 쇠약해져서 자식들에게 의지해 살 것인지는 자신이 선택해야 할 몫이다.

자 이제, 당신은 어떤 선택을 할 작정인가?

CONTENTS

1장
가장 놀라운 순간

S U R P R I S I N G

"노년은 사람이 살면서 겪을 수 있는 일들 가운데
가장 예기치 않게 일어나는 일이다."
- 레온 트로츠키|Leon Trotsky

어느 날 갑자기 다가온
나이 듦의 정체

'우리는 서서히 늙어가고 있다.' 이 한 문장을 읽는 짧은 순간에도 말이다. 하지만 평소에는 이 사실을 잘 인식하지 못한다. 그래서인지 우리들 대부분은 나이를 먹은 자신의 모습을 받아들일 마음의 여유가 없다. 나도 여든 살이 되던 날까지 내가 늙었다는 사실을 도무지 믿을 수가 없었다. 머릿속에 있는 나의 모습은 여전히 열일곱 살 소년이었던 것이다. 하지만 나는 분명 늙은 게 확실하다. 예전에 비해 걸음걸이가 느려져서 다른 이들보다 뒤처지고, 총명했던 두뇌는 가까운 지인들의 이름조차 잘 기억하지 못한다. 방금 전까지 계획했던 것도 기억하지 못하는 일이 당연한 일상이 되어 버렸다.

며칠 전에 있었던 일이다. 아침에 면도를 하다가 문득, 혹시 이것이 치매 초기 증상이 아닐까 싶어서 주치의를 만나기 위해 진료 예약을 했다. 그런데 그날 저녁 집에 돌아와 옷을 갈아입으면서 난 실소를 금치 못했다. 깜빡하는 증상에 대해 물어본다는 것을 까맣게 잊어버리고 의사를 만나서 엉뚱한 대화만 나누고 왔다는 사실을 깨달았기 때문이다.

노년은, 그리고 노화는 어느 날 갑자기 찾아온 것이 아니다. 서서히 찾아 왔으나 갑자기 느끼게 되는 것이 바로 노년이다. 영국의 대표적인 작가 셰익스피어William Shakespeare는 인간이 나이를 먹는 과정에 대해 다음과 같이 묘사했다.

온 세상은 하나의 무대라네.
이 세상 남성과 여성은 그저 배우일 뿐이네.
등장도 하고 퇴장도 하지.
한 사람이 생전에 여러 역을 하는데,
인생을 7단계로 연기한다네. 첫 번째 단계는 어린 애,
유모 품에 안겨 칭얼대며 토한다네.
그 다음에는 투덜거리는 학생이지, 책가방 둘러메고
환한 아침 얼굴로 달팽이처럼 느릿느릿

마지못해 학교로 향하지.

(중략)

여섯 번째 단계는

슬리퍼를 끄는 빼빼 마른 노인네로 바뀐다네.

콧잔등에 안경을 걸치고 허리에는 돈 주머니를 찼지.

젊을 때 입었던 바지는 잘 아껴뒀지만

정강이가 줄어들어 헐렁헐렁, 사내다웠던 우렁찬 목소리는

다시 새된 애들 목소리가 되어,

피리나 호루라기처럼 삑삑거리지.

이 파란만장한 인생 사극을 끝내는 마지막 장면은

제2의 유년기이자 완전히 망령 난 단계이지.

이도 없고, 보이지도 않고, 입맛도 없고, 아무 것도 없다네.

－ 4대 희극 중의 하나인 《뜻대로 하세요》 중에서

　《뜻대로 하세요 _As you like it_》에서 셰익스피어는 인간이 나이
드는 과정을 7단계로 구분 지었다. 하지만 우리는 보통 4단계
인 유년기, 청년기, 중년기, 노년기로 구분 짓는다. 그중 이 책
에서 다룰 노년기에는 젊을 적에 경험하지 못했던 다양한 정
신적·신체적 변화를 경험한다. 그것은 내가 직접 경험을 해
보니 결코 유쾌한 경험이 아니다. 사람들은 이 변화를 통틀어
서 '노화'라고 부른다. 여든 살이 넘은 내가 종종 깜빡하고 기

온이 내려가면 무릎이 시린 것도 노화현상 중의 하나이다.

발달생물학자인 나는 일생 동안 인간의 세포와 배아의 발달을 연구했다. 그런데 노화에 대해 공부를 시작해보니 세포의 발달과 노년기에 일어나는 신체 변화 과정은 전혀 다른 분야이다. 그래서 노화에 대해 깊이 탐구해보기로 했다. '인간의 유전자가 발달 프로그램을 갖고 있는 것이 확실한데, 노화는 이 프로그램에 속해 있는 과정 중의 하나일까?', '나이가 들수록 세포들은 어떻게 변화할까?', '노년에 신체 기능이 떨어지고, 정신이 쇠약해지는 이유가 무엇일까?' 이와 같은 질문의 답을 찾기 위해 연구를 시작한 것이다. 또한 역사상 가장 많은 이들의 소원이었던 불멸의 삶에 대한 궁금증도 해결하고 싶었다. 노화를 막기 위한 인간의 노력은 인구 수가 급증하는 또 다른 결과를 낳았다. 이것은 사회적 문제와도 직접적으로 연결되어 있어 과학자들 역시 간과할 수 없는 부분이기도 하다.

나이 듦을 즐기는 사람들

먼저 노화에 대해서 제대로 알고 넘어가자. 노화를 정의하기란 쉽지 않은 일이다. 그것은 나이가 들면서

인간이 느끼는 행복감의 정도가 최고조에 이르는 시기가 80세라는 연구 결과가 있다.

자연스럽게 일어나는 쇠퇴적인 현상이다. 사람마다 차이가 있지만 각종 생리기능이 저하되고, 장기의 중량도 감소된다. 노화 속도는 일반적으로 덩치가 크거나 성숙이 느리고 대사 활성이 낮은 동물종일수록 느리다. 누구나 시간이 지나면 나이가 들고, 나이가 들면 서서히 신체적으로 변화가 나타난다. 노화의 진행 과정과 유전자와의 메커니즘은 앞으로 함께 자세히 알아보게 될 것이다.

　"어르신 얼굴이 참 좋아 보이세요!"라는 말은 인간의 노화에 대한 가장 기분 좋은 표현이다. 그렇다면 몇 살부터 노년이라고 할 수 있을까? 오랫동안 사람들은 65세를 노년의 출발점이라고 여겼지만 지금은 70세가 되어서야 노년이라고 생각한다. 실제로 노인들은 자신이 나이를 먹었다는 사실을 잘 인식하지 못한다. 그들 대부분은 여전히 자신이 청년이라고 믿고 있다. 나처럼 말이다.

또 한 가지 노년층이 갖고 있는 특이한 점은, 자신이 살아온 환경에 따라 저마다 특징적인 모습으로 나이를 먹는다는 점이다. 이것은 우리에게 앞으로 어떻게 나이를 먹을 것인지 생각하도록 한다. 살아갈 날이 많아진 만큼, 우리는 이 부분에 대한 깊은 고민과 성찰이 필요하다.

노화는 사람들에게 두려운 현상이다. 조사 결과 75세 이상이 된 노년층 10명 중에서 겨우 한 명만이 노화에 따른 질병에 걸리지 않는다고 한다. 나머지 9명은 신체 기능이 떨어지고 정신 상태도 불안정해진다. 신체 중에서 아프지 않은 곳을 찾는 게 더 힘들 정도이다. 50세를 넘기면 치매에 걸릴 확률이 상당히 높아진다는 연구 결과도 있다. 만약 치매에 걸리지 않았어도 그와 비슷한 증상을 매일 경험한다.

하지만 어떤 사람들에게는 노년이 매우 좋은 시기가 될 수도 있다. 내 주위에 있는 많은 사람들이 갖가지 질병에도 불구하고 즐겁고 활기차게 노년의 삶을 보내고 있다. 그들은 나이를 먹는다는 것을 자연스럽게 받아들이면서 젊은이들보다 더 활력이 넘치게 살고 있다. 그들은 나이가 들수록 젊을 때는 몰랐던 소중한 것들이 자꾸만 생기는 것 같다. 또한 가족이 소중해지며 젊을 적 가졌던 온갖 두려움이 사라진다.

내 오래된 이웃으로 올해 106세가 된 앨리스 소머즈^{Alice}
^{Sommers}는 종종 손자와 함께 공원으로 산책을 다닌다. 얼핏 보
기에도 그녀는 매우 행복한 노후 생활을 하는 것처럼 보인다.
그녀의 106번째 생일 파티에 초대를 받아 간 적이 있다. 현관
문을 열고 들어가기 직전까지 난 그녀가 안락의자에 앉아 수
많은 손자손녀들에게 둘러 싸여서 극진한 보살핌을 받고 있
을 거라고 생각했다. 하지만 이게 웬걸! 놀랍게도 그녀는 피
아노 앞에 앉아서 신나는 음악을 연주하고 있었고 손자손녀
는 음악에 맞춰 흥겨운 시간을 보내고 있었다. 그녀를 어떻게
106살이나 된 할머니라고 생각할 수 있겠는가? 파티가 끝이
나고 그녀에게 어떻게 이 나이까지 건강을 유지할 수 있었는
지 물었다. 건강관리, 식단 조절과도 같은 뻔한 대답이 나올
것이라 생각했지만 그녀는 의외의 대답을 했다.

"난 오래 살기 위해서 별로 하는 게 없어요. 운이 좋게도 워
낙 타고난 체질이 튼튼했지요. 젊을 적부터 감기에 걸린 적이
손에 꼽을 정도에요. 나는 늙어서 좋은 게 더 많다고 생각해
요. 지난 기억을 떠올리고 그동안 쌓아온 지식은 여기저기에
써먹을 수도 있지요. 우리가 인생의 아름다움에 감사함을 느
낄 수 있는 시기는 지금 이 순간뿐이라고 생각해요. 요즘은
내 주변 모든 것이 기적 같아요. 나이가 들어서 나쁠 것은 하

나도 없어요. 모든 것이 자연의 섭리이지요. 죽음도 전혀 두렵지 않아요. 내가 생각하기에 내가 오래 살 수 있는 가장 큰 이유는 죽음을 두려워하지 않기 때문인 것 같아요. 나는 몇 살까지 살았으면 좋겠다는 생각을 한 번도 해본 적이 없어요."

고령에도 불구하고 적극적으로 연구에 매진하는 동료 과학자들을 보면 나도 절로 힘이 솟는다. 그들은 후배와 제자들에게 좋은 본보기가 되고 있다.

나의 오랜 친구인 데니스 미치슨 교수는 올해 90세가 되었다. 그는 현재 세인트조지의과대학에서 명예교수로 재직 중이다. 그는 내가 자신의 연구실로 찾아와 늦은 시간까지 연구에 매진하는 것을 보고 건강을 염려하는 잔소리를 늘어놓기 시작하자 이렇게 말했다.

"나는 85세가 되어서야 내 나이를 실감하기 시작했네. 행동이 굼떠지고 밤만 되면 여기저기 아프더군. 하지만 나는 지금 내 나이가 좋아. 연구하는 일도 매우 흥미롭다네. 이전보다 일하는 속도가 많이 줄어들긴 했지만 지금도 연구를 계속하고 있지 않나. 준비 중인 논문만 해도 7편이나 있다네. 참, 그 중 하나는 거절을 당했지. 하지만 이 나이가 되고 보니 일이 뜻대로 안 풀린다고 해서 화가 나진 않는다네. 지금 맡고 있는 프로젝트 중에 10년이 걸리는 것도 있어. 하지만 그때까지 내가 살아 있을지는 장담할 수 없지. 하지만 이 나이에 아직까지 할 수 있는 일이 있다는 것만으로도 축복받은 삶이 아니겠는가."

이렇게 사랑스러운 노인이 세상에 또 어디 있겠는가?

누구에게나 행복하게 살 권리가 있다

우리는 인류 역사상 그 어느 때보다 오래 산다. 20세기에 들어서면서 노인 인구는 전례 없이 증가했다. 현재 영국은 16세 미만의 아동보다 65세 이상의 노인 인구가 더 많다. 또한 1983년과 비교했을 때 2008년에는 85세 이상 노인의 수가 두 배로 증가했다. 1888년 런던 시민의 평균 수명은 겨우 30세였고, 1900년에는 42세, 1950년에는 61세였다. 이와 같은 수명의 연장은 과학 기술로 나이를 먹는 속도를 줄인 것이 아니라, 병을 치료하는 의료 기술과 전염병을 예방하는 보건 기술이 눈부시게 발전한 결과이다.

그러나 노인을 대하는 사회적 인식은 산업 발전과 인구 증가 속도를 따라가지 못하고 있다. 그러면서 여러 문제들이 발생하고 있다. 젊은이들은 노인들이 고리타분하고 진부하다고 여긴다. 심하게는 무능력하고 쓸모없는 존재라고 생각한다. 노년층은 종종 배제되고 낙오된다. 이 순간에도 많은 노인들이 사회에서 갖가지 차별을 경험하고 있다. 그들이 갖고 있는 지혜는 낡은 것이 되어 버리기 일쑤이다. 아직 일을 할 수 있는 나이임에도 불구하고 회사에서는 퇴직을 권고한다.

상황이 이렇게 되자 노년층을 차별하는 인식을 각성하자는 목소리가 나오고 있다. 영국에서 1950년대에 '에이지 컨선Age concern'이라는 노인지원단체가 만들어졌다. 이 단체는 노인 차별과 경제적 능력 상실로 고통을 받고 있는 노인들을 위해 생겨난 단체이다. 2010년에 들어서서 에이지 컨선은 '헬프 디 에이지드Help the aged'라는 단체와 힘을 합쳐 새로운 자선단체를 만들어 노인의 삶을 질적으로 개선하는 데 노력하고 있다. 이 단체는 모든 종류의 노인 차별에 대항한다. 정부의 고위직에 있는 사람들 중 일부는 심각한 질병에 걸린 노인들을 살리는 데 들어가는 돈과 노력을 아깝게 생각하는 것 같다. 노인 차별은 사회 곳곳에서 일어나고 있는데 그들 눈에는 보이지 않는 듯하다. 노인 차별이 의료 환경에서 일어날 때 그 결과는 매우 심각하거나 치명적일 수 있다.

정말로 중요한 것은 노인에 대한 대우가 사회적 차원에서 개선되어야 한다는 점이다. 비록 지금은 그런 일이 많이 사라졌지만 과거에는 많은 노인들이 사회에서 더 이상 쓸모가 없다고 여겨졌을 때 죽음으로 내몰렸다. 지금도 역시 많은 노인들이 외롭고 가난한 생활을 하고 있다. 대부분의 노인들은 자기 소유의 집에서 머물기를 원하지만 그러기 위해서는 정책적으로 많은 지원이 필요하다.

고령화 사회에서 나타나는 경제적인 현실이 이제 막 우리에게 닥치기 시작하자 인간 수명이 늘어나는 것을 반대하는 사람들이 생겨났다. 이들은 수명 연장이 젊은이들에게 악영향을 끼치고 경제에 부정적인 영향을 준다고 주장한다. 사실 노인이 젊은이보다 많으면, 사회는 많은 크고 작은 문제에 직면할 것이다. 누가 노인들을 부양하고, 이들의 의료비를 대신 내줄 것인가? 미국과 유럽뿐 아니라 한국이나 일본과 같은 아시아 국가도 비슷한 문제에 직면해 있다.

사회적으로 문제가 되고 있는 부분은 은퇴를 한 노년층이다. 이들에게는 정부의 지원이 절실하게 필요하다. 가족들이 떠난 텅 빈 집에서 이들은 외로움을 느끼고 경제적인 어려움을 겪고 있다. 하지만 정부의 예산은 부족하고, 노인 전문 요양원과 전문 간병인을 양성하는 기관은 부실하다. 이와 같은 문제는 앞으로 본격적으로 시작될 것이다.

하지만 힘이 없고 병약해진 노인이라도, 누구나 행복할 권리가 있다. 어느 날 갑자기 찾아온 노화로 인해 불행하게 사는 것이 아니라, 젊을 때부터 준비를 했기 때문에 죽기 직전까지도 행복한 삶을 유지할 수 있으려면 개인의 노력뿐 아니라 정부의 정책도 뒷받침되어야 한다. 난 언젠가 내 나이가 될 젊은이들이 이런 현실을 제대로 직시하기를 바란다. 이것이 노년의 삶에 대한 모든 것을 책에 담기로 결심한 이유이다.

인생의 행복은
80세에 절정에 이른다?

　　　　노인 차별로 인한 크고 작은 문제점에도 불구하고 얼마 전 놀라운 연구 결과가 발표되어 세상을 떠들썩하게 했다. 오스트리아와 독일의 과학자들이 2만 1천 명을 대상으로 세대별로 느끼는 행복감을 조사했다. 각 연령층에게 현재 느끼는 만족감을 1부터 7까지 점수를 매기고 이유를 적도록 했다.

실험 결과는 뜻밖이었다. 20대는 삶에 대한 근심과 걱정이 비교적 적으며 미래에 대한 희망을 갖고 있었다. 반면에 40대는 가족 부양에 대한 부담으로 만족감이 최저로 나왔다. 65세는 지금 그대로의 모습에 만족하는 법을 깨달아 다시 행복해지며, 80세는 삶을 즐길 수 있는 여유가 생겨 만족도가 최고라는 결과가 나왔다. 즉, 인생의 행복이 80세 즈음에 절정에 이르는 것이다. 여기에 건강과 안정적인 수입이 따르고 가족과의 관계까지 좋다면 행복감은 훨씬 더 커질 것이다.

이스라엘 출신의 정신과전문의인 카를로 스트렌저[Carlo Strenger]는 "당신이 삶의 반을 살면서 자신을 발견했다고 느낀다면 인생의 나머지 절반은 최고의 성취감으로 가득 찰 것입니다"라고 했다. 만약 당신이 누군가에게 '당신 참, 좋아 보이십니다'라는 말을 한번이라도 들었다면, 지금 잘 살고 있는 것이다.

할 수 있는 한 이 행복을 즐겨라. 만약 지금 당신이 인생의 만족도가 바닥을 치고 있는 40대이고, 느끼는 감정이라고는 가족에 대한 책임감과 경제적인 압박과 같은 절망감뿐이라면? 다행이다. 당신에게는 행복해질 일만 남은 것이니 말이다.

2장

나이 듦의 증거

AGEING

"나이에 상관없이 사람이 성장하는 것을 멈추는 순간,
바로 그 순간이 사람이 늙기 시작하는 순간이다."
- 윌리엄 제임스William James

우리가 나이를 먹는다는 증거,
신체의 변화

인간의 신체는 나이를 먹으면서 서서히 변한다. 중세 이집트 시대의 벽화를 보면 노인은 한 손엔 지팡이를 쥐고 허리를 기역자로 굽히고 있다. 노인에 대한 이러한 묘사는 20세기에서도 별로 다를 바 없다. 허리가 구부정해지는 것은 흔히 볼 수 있는 노화의 한 증상이다. 고대 로마시대의 한 정치가는 "가련한 인간들은 인생의 황금기를 느껴보기도 전에 늙어버린다. 끔찍한 노년이 병마와 고통을 안고 살금살금 우리에게 다가와 끔찍한 죽음이 난폭하게 우리를 덮쳐버린다"라고 푸념했다.

노화는 질병이 아니다. 그것은 단지 몸의 기능이 점진적으로 손상되는 복합적인 과정일 뿐이다. 우리는 나이를 먹으면서 생기는 이 과정을 이미 잘 알고 있다.

처음에는 행동이 느려진다. 그 다음에는 흰 머리카락이 조금씩 생기더니 이내 머리숱이 적어진다. 얼굴은 눈가부터 주름살이 생기기 시작하더니 이내 탄력을 잃고 푸석푸석해진다. 기억력도 안 좋아져서 자꾸 중요한 약속을 잊어버린다. 이쯤 되면 자녀나 나이 어린 후배들은 대화가 되지 않는다며 나를 슬금슬금 피하기 시작한다.

하지만 이 과정은 모든 사람들에게 공통적으로 나타나는 것이 아니라 개인마다 조금씩 차이가 있다. 나는 친구들을 만나면 이렇게 말하곤 한다.

"우리 위에부터 시작할까? 아니면 아래부터 시작할까?"

질문이 끝나자마자 친구들은 걸을 때 다리가 얼마나 아픈지 푸념하고, 머리 회전이 얼마나 둔해졌는지를 늘어 놓으며 신세 한탄을 한다.

나이가 들면 거의 대부분의 신체 기관 능력이 떨어진다. 일반적으로 체중이 줄어들고, 근력이 떨어진다. 시력이 나빠지고 운동 수행 능력도 감소된다. 혈액을 온몸에 전달하는 심장 기능도 약해진다. 그뿐 아니라 면역 체계가 약해져서 전염병과 질병에 쉽게 노출된다. 이와 같은 증상은 골격, 근육, 혈액,

호르몬 계통 등과 같이 신체가 전반적으로 허약해지는 곳에서 시작한다.

최대 산소섭취량은 10년마다 10퍼센트씩 줄어든다. 최대 호흡량은 70세가 되면 20세에 비해 40퍼센트 가량이 줄어든다. 뇌는 위축되고 일부 세포는 손실된다. 근육량, 골밀도, 시력, 청력도 나이가 들수록 나빠진다. 이러한 신체 변화는 건강에 문제가 생겨서 일어나는 것이 아니라 누구나 나이를 먹으면서 겪는 일반적인 현상이다. 그러나 이 변화가 심각한 질병의 원인이 될 수는 있다.

그런데 이러한 신체 변화의 속도를 노력과 예방으로 늦출 수 있는 방법이 있다. 예를 들어 근육량은 40세가 되면 그때부터 1퍼센트씩 줄어든다. 이는 혈액 공급이 원활하지 않아 영양분과 호르몬이 신체의 각 근육에 골고루 공급되지 않기 때문이다. 근육량이 줄어들면 근육과 뼈를 연결하는 힘줄의 관절과 이를 결합하는 인대의 탄력성이 떨어진다. 그런데 젊을 때부터 꾸준히 유산소 운동을 한다면 근육량은 나이가 든 후에도 그대로 유지된다.

이로 인한 2차 질병도 예방할 수 있다. 근육량을 유지하기 위해서는 최소한 일주일에 다섯 번씩 30분 이상 운동하는 것이 좋다. 꾸준한 운동은 골다공증, 당뇨병, 심혈관 질환, 우울증과 같은 질병을 예방하는 데도 도움이 된다. 또한 노인 장애의 가장 큰 원인인 낙상의 위험도 줄여준다.

인간의 수명과 질병의
상관관계

《이솝우화》의 작가인 그림 형제가 어느 날 시골길을 지나가다가 한 농부에게 인간의 수명에 대한 흥미로운 이야기를 듣게 된다.

신이 세상을 창조하고 난 뒤에 당나귀, 개, 원숭이, 인간에게 각각 30년의 수명을 주었어. 그런데 당나귀는 삶이 힘겨울 것이라는 사실을 알았기 때문에 신에게 수명을 줄여 달라고 애원했지. 자비로운 신은 당나귀의 삶을 12년으로 줄여주었어. 개와 원숭이도 마찬가지로 자신의 수명이 너무 길다고 생각했기 때문에 신에게 수명을 줄여달라고 했고, 결국 각각 12년과 10년이 줄었지.

하지만 인간은 자신이 받은 30년이 너무 짧다고 생각해서 신에게 수명을 연장해 달라고 애원했어. 신은 당나귀, 개, 원숭이에게서 가져온 시간을 인간에게 주었지. 그래서 인간은 70세까지 살 수 있게 된 거야.

처음에 받은 30년은 쏜살같이 지나가. 이 시기에 인간은 건강하고 행복한 삶을 즐겨. 그리고 30년이 지난 후에는 당나귀의 삶이었던 18년을 살지. 이 시기에 인간의 어깨에는 무거운 짐이 놓여. 인간은 다른 사람을 위해 곡식을 나르면서 충성을 다하지만 돌아오는 것은 발길질이나 채찍질뿐이야. 18년을 그렇게 보낸 뒤, 개가 준 12년을 살지. 인간은 날마다 으르렁거리며 구석에 박혀 힘없이 누워서 지내. 이제는 고기를 씹을 수 있는 이빨도 남아 있지 않아. 이 시간이 지나가면, 마지막으로 원숭이가 준 10년을 보내게 되지. 인간은 머리가 원숭이처럼 어리석고 둔해져. 매일 멍청한 짓을 하기 때문에 어린이들에게 놀림의 대상이 되는 거지.

– 단편소설 〈수명〉 중에서

이 이야기는 인간의 삶이 어떻게 변화하는지를 우화 형식을 빌려 풍자적으로 묘사하고 있다. 노인의 삶에 대한 비관적인 묘사가 썩 유쾌하지만은 않다. 하지만 이 소설처럼 대부분의 사람들이 나이가 들수록 노환으로 인한 질병 때문에 고통받는다.

노인들의 사망 원인은 거의 노화와 관련된 질병이다. 일반적으로 남성은 7년을, 여성은 10년을 질병에 걸려 건강하지 않은 상태로 지내다가 사망한다. 그런데 이 기간이 점차 늘어나고 있다. 수명이 늘어나면서 질병에 걸려 오랜 시간을 고생하는 사람들이 늘고 있는 것이다.

주요 사망 원인 역시 바뀌고 있다. 1900년도에는 사망 원인이 주로 전염병과 관련이 있었다. 하지만 2009년 주요 사망원인은 암과 심장질환이었다. 이로 인한 사망률이 무려 전체사망원인의 절반이 넘는다.

특히 심장질환으로 인한 사망자의 대부분이 65세 이상의 노년층이다. 심장질환은 관상동맥 내부에 지방질이 증가하면서 심장의 혈액 공급을 막거나 방해한 결과로 발생한다. 시간이 지나면서 동맥의 벽은 지방침전물로 둘러싸이는데 이 과정으로 생기는 증세가 아테로마성동맥경화증atherosclerosis이다. 관상동맥에 지방침전물이 증가하면서 혈관은 좁아지고 자연스레 심장에 공급되는 혈액의 양이 줄어든다. 심장마비는 심장으로 가는 혈류가 완전히 막혔을 때 발생한다.

혈액 공급이 원활하지 않으면 뇌졸중에 걸릴 수도 있다. 뇌졸중은 혈액이 뇌에 제대로 전달되지 않거나, 뇌세포가 산소와 영양소를 제대로 공급받지 못할 때 발병한다. 손상된 혈관이 막히면 뇌경색, 손상된 혈관이 터지면 뇌출혈이다. 갑자기 안면마비 증세가 오거나 팔·다리가 저리거나 어지러움증이 생기고 두통이 심해지면 뇌졸중을 의심해야 한다.

뇌졸중은 뇌의 손상 부위나 파괴의 정도에 따라 증상이 달라지며, 어느 신경 세포가 파괴됐는지에 따라 후유증이 달라진다. 뇌졸중은 걷기 능력, 기억력, 말하기 능력, 판단력, 읽기 능력, 쓰기 능력 등 많은 부분에 영향을 미친다.

해마다 전 세계적으로 1,500만 명의 뇌졸중 환자가 발생하고, 그중 600만 명이 사망한다. 그런데 조사 결과 많은 수의 사람들이 뇌졸중을 나이가 들면 흔히 겪을 수 있는 질병 정도로 생각하고 있었다. 뇌졸중은 나이에 상관없이 누구나 앓을 수 있지만 가장 많이 걸리는 연령대는 65세 이상의 노인들이라는 사실을 유념해야 한다.

암은 보통 노인성 질환으로 구분한다. 65세가 넘으면 암에 걸릴 확률이 10배나 높아진다. 75세 이상의 노인들 중 3분의 1은 암 환자이다. 남성은 전립선암·결장암에 가장 많이 걸리며, 여성들은 유방암에 잘 걸린다. 유방암의 80퍼센트는 50세 이상의 여성에게서 발생한다.

암과 노화의 관계는 매우 복잡하다. 유전자의 불안정, 즉 DNA 손상은 대부분의 암이 가진 특징이면서 동시에 노화의 특징이기도 하다. 한 개의 세포 속에 담긴 유전자는 수많은 변화 과정을 거쳐서 암세포로 바뀐다. 그리고 그 암세포가 악성이 되기 위해서는 그보다 훨씬 더 많은 변화 과정을 겪어야 한다. 정상 세포가 암 발병을 유발하는 세포로 걸리는 시간과 나이가 든다는 것에는 일종의 상관관계가 있다. 암을 유발할 수 있는 환경에 그만큼 많은 시간이 노출되었다는 의미이기 때문이다.

　세포가 증식되는 과정에서 반드시 암에 걸리는 것은 아니지만 신체에 다른 영향을 미칠 수는 있다. 고령의 남성에게는 전립선비대증을 유발한다. 이 증상은 전립선의 상피세포 조직, 결체, 평활근 조직이 증식되면서 나타난다. 전립선이 비대해지면 방광을 압박하고, 배뇨가 증가한다. 나이와 전립선비대증의 관계는 정확하게 밝혀지지 않았다. 이 전립선비대증은 종양으로 진행될 확률이 높지만 모든 케이스에서 암으로 발전하는 것은 아니다.

피할 수 없는
노인성 질병의 종류

　　　　　인간의 몸은 시간이 지날수록 자연면역과 획득면역이 수차례 반복적으로 작용하면서 면역 능력을 만들어간다. 자연면역은 선천적으로 갖고 있는 저항력이라 불리는 면역력이고, 획득면역은 후천적으로 얻은 것이다. 그런데 이 과정은 나이든 사람이 독감이나 폐렴 같은 전염성 질병에 민감하게 반응하도록 만들었다. 뿐만 아니라 나이와 관련된 질병의 원인이 되는 생물학적 메커니즘을 만드는 데 기여했다. 미국에서 독감이나 폐렴의 사망자 중 90퍼센트는 65세 이

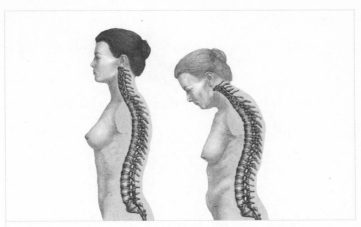

나이가 들수록 키가 작아지는 이유는 뼈의 양이 감소하고 강도가 약해지기 때문이다.

상의 노인들이다.

변형성관절증은 관절염의 한 유형으로, 현재 영국에서는 약 800만 명이 변형성관절증의 고통을 호소하고 있다. 일반적으로 대략 45세부터 발병하기 시작하는데, 그 원인은 관절 뼈 사이에서 쿠션 역할을 하는 관절연골이 손실되었기 때문이다. 관절연골은 점차 약해지고 균열이 생기면서 결국 닳아서 없어진다. 연골이 손실되면 뼈와 뼈가 부딪쳐서 움직일 때마다 엄청난 고통을 느낀다.

변형성관절증에 시달리는 사람들은 통증을 호소하거나, 행동에 제한을 받는다. 변형성관절증은 다른 관절염(관절염에는 100가지가 넘는 종류가 있다)과 달리 오직 관절에만 영향을 미치고, 내부 장기에는 영향을 끼치지 않는다. 65세 이상의 절반은 변형성관절증 증세가 나타나고 있는 관절을 한 군데 이상 갖고 있다. 발병 원인은 과체중, 노화, 관절 손상, 직업과 스포츠 활동에서 오는 관절의 스트레스 등 여러 가지 요인들이 복합적으로 섞여 있다.

골다공증은 말 그대로 뼈를 극도로 약하게 만드는 질병이다. 골다공증에 걸리면 뼈의 양이 감소하고 질적인 변화로 인해 뼈의 강도가 약해져서 부러질 가능성이 높아진다. 이것을 방치하면 뼈가 골절될 때까지 악화되는데, 무서운 점은 이때까지 아무런 고통을 느끼지 못한다는 것이다. 그래서 골다공증을 침묵의 병silent disease이라고 한다.

이 병은 주로 고관절, 척추, 손목뼈의 골절을 유발한다. 골다공증은 치료하는 데 오랜 시간이 걸릴뿐더러 완치도 어렵다. 골다공증을 예방하려면 적당한 운동을 꾸준히 하고 짠 음식을 피하는 한편 과도한 음주나 흡연을 삼가야 한다. 또한 햇볕을 15분씩 쬐어 비타민D를 충분히 합성해야 한다.

낙상은 넘어지거나 떨어져서 몸을 다치는 것으로 주로 나이든 사람에게 일어난다. 낙상은 흔히 일어나는 일이기도 하지만 매우 심각한 문제이다. 체력이 떨어진 노인들은 가벼운 낙상으로도 심하면 사망까지 이어질 수 있다.

특히 65세 이상의 절반은 매년 한 번 이상 넘어지거나 떨어진다. 그 횟수는 시간이 지날수록 증가한다. 인지 장애와 치매에 걸린다면 낙상의 위험은 더욱 증가한다. 균형 감각에 문제가 있거나 현기증이 있는 점도 역시 노인들에게 낙상을 유발할 수 있어 매우 치명적이다.

제2형 당뇨병은 환자들의 절반이 55세 이상일 만큼 노인들에게 가장 흔하게 볼 수 있는 질병으로 당뇨병의 한 종류이다. 제2형 당뇨병은 인체가 인슐린을 생성하기는 하지만 포도당이 필요한 세포, 특히 근육·지방·간세포가 인슐린에 더 이상 효과적으로 반응하지 않을 때 발병한다. 이 환자의 90퍼센트 이상은 비만 환자로, 과체중과 운동 부족이 발병 원인이라고 볼 수 있다.

피부에 새겨지는
노화의 흔적

얼굴에 주름이 생기고 검버섯이나 기미가 생기는 것은 가장 흔한 노화현상 가운데 하나이다. 유전 공학을 통해 주름 생성의 근본적인 원인을 연구한 결과, 수천 개의 유전자와 단백질이 발견되었다. 주름의 원인은 수분 손실, 피부에 탄력을 주는 콜라겐의 파괴, 마지막으로 자외선의 노출에 의한 손상이다. 그중에서 피부 노화의 70퍼센트 이상은 햇빛에 노출되면서 진행된 '광노화'이다. 자외선이 표피와 진피 모두를 노화시키기 때문이다. 나이가 들어도 세포층의 수는 변하지 않지만, 피부 바깥층은 점차 두께가 얇아진다. 그리고 색소를 함유한 세포의 수는 줄어들지만, 남아 있는 세포는 햇빛에 노출된 부위가 넓어진다. 햇빛에 노출된 부분에서 색소침착이 일어나서 검버섯이나 기미가 생기는 것이다. 피부층은 얇아지고 생기를 잃어버리고 칙칙하게 변한다. 특히 자외선에 자주 노출된 부위는 더 심하다.

오랫동안 밖에서 생활해 온 사람들의 피부는 어둡고 거칠거칠하다. 또한 분비선에서 생성되는 유분은 점차 줄어든다. 유분은 일반적으로 남성은 80세가 지나서 감소하지만 여성은 폐경기 이후부터 줄어들기 시작한다. 유분이 줄어들면 피부는 건조해지고 가려워진다. 또한 열을 보호하고 쿠션 역할을 하는 지방세포가 점점 얇아져서 체온 유지 능력이 떨어진다.

땀 분비선에서도 땀의 생성이 줄어들어 체온을 떨어뜨리는 기능이 약화되고 그 결과 피부가 과열되는 현상이 빈번해진다. 사마귀나 잡티는 더 자주 생긴다. 노년에 피부에 난 상처는 완전히 치료되지 않을 수도 있으며 결국엔 만성 질환의 원인이 되기도 한다. 통계에 따르면 65세 이상의 노인 20명 중 최소한 1명은 피부에 치유가 전혀 되지 않은 상처를 갖고 있다고 한다.

보이지 않는 공포,
시력 장애

백내장, 녹내장, 황반변성과 같은 눈 질환은 시력 저하의 직접적인 원인이다. 백내장은 수정체를 통해 들어오는 빛의 경로를 왜곡하거나 차단하기 때문에 생긴다. 수정체에 단백질이 뭉쳐지면서 시야가 혼탁해져서 시력이 나빠진다.

녹내장은 눈에서 받아들인 시각정보를 뇌로 전달하는 데 중요한 역할을 하는 시신경 및 신경섬유층이 손상돼 시야가 점점 좁아지다가 결국 시력을 잃게 되는 질환이다. 40대 이상 성인 가운데 4퍼센트가 걸릴 정도로 위험한 질환이다. 녹내장은 유전일 경우도 있지만 대개 나이가 들면서 악화된다. 그러나 현재 의학기술로 완벽한 치료는 불가능하다. 그렇기 때문에 초기 발견이 매우 중요하다. 녹내장 치료법으로는 안압을 낮춰주는 안약, 섬유주절제술, 방수유출장치 삽입 수술 등이 있다.

녹내장은 특별한 예방보다는 조기 발견이 중요하므로 만 40세 이상이 되면 정기적으로 시력과 안압 측정과 같은 검사를 받는 것이 좋다.

황반변성은 정면에 있는 물체를 뚜렷하게 보이게 만드는 망막의 중심부에 위치한 황반이 점진적으로 변성되면서 발생하는 질환이다. 사물과 색을 구별하는 황반 부위에 이상이 생기는 것으로 황반 밑 부분에 노폐물이 쌓여서 시력이 떨어지는 것이다. 미국의 75~85세의 환자들 중 30퍼센트는 황변변성을 앓고 있다. 발병 원인으로는 유전적인 요소가 많지만, 노화와 흡연, 고지방 및 고열량 식사 습관, 스트레스, 심장 및 혈관 질환 등도 영향을 미친다. 특히 흡연은 황반변성에 걸릴 가능성을 3배나 높인다는 연구 결과도 있다. 환반변성의 치료 방법으로는 약물치료와 레이저 치료, 광역학 치료법 등이 있지만 일단 세포가 손상되면 되살릴 수 없기 때문에 진행 속도를 늦추는 치료가 대부분이다. 테니스 코트와 같은 직선이 구부러져 보이거나, 그림의 어느 한 부분이 지워진 것처럼 보이거나, 사물의 가운데가 검게 보이거나 물체가 찌그러져 보인다면 황반변성을 의심해봐야 한다.

그러나 유전공학, 뇌 과학, 생물학 등의 과학기술 발전으로 그동안 불가능하게 여겨지던 시력 회복이 어느 정도 가능성을 갖게 되었다. 얼마 전 미국의 몇몇 대학과 연구소에서 '이식 가능한 인공망막artificial retina 프로젝트'를 공동으로 진행하였다. 이들은 시신경세포와 전기 보형물 간의 신호교환이 가능한 기초연구 성과를 활용해서 다양한 스핀오프spin off 기술을 개발하였으며 임상실험을 진행하였다. 이 프로젝트는 매우 성공적이었으며 지난 2009년 미국 R&D 매거진이 선정한 100대 혁신적 발명에서 공동개발상을 수상하기도 했다.

그리고 나타나는
여러 가지 노화

안타까운 사실이지만, 나이가 들면 청력에도 이상이 생긴다. 미국의 65~74세 고령자 중 3분의 1이 청력에 문제가 있으며, 85세가 지나면 노인의 절반은 청력을 잃는다. 인간은 귀 내부에 있는 청각기관의 감각수용세포인 유모세포가 외부 음파를 뇌로 전달해 신경신호를 변환시켜 소리를 들을 수 있다. 청력손실은 유모세포가 손상되거나 파괴되었을 때 일어난다. 한번 손상된 유모세포는 다시 자라지 않기 때문에 영구적으로 청력이 손실될 가능성이 크다. 귀 울림 증상은 난청과 함께 나타나는 증상이며, 이명^{耳鳴}이라고 부른다.

치아의 마모는 노화 과정을 보여주는 좋은 예이다. 치아는 법랑질 아래 있는 상아질의 변화로 인해 변색이 된다. 수십 년 동안 음식물을 씹는 과정을 반복하면서 법랑질이 자연스럽게 마모되고, 이것은 치아가 예민해지는 치아과민증의 원인이 된다.

또한 치아가 빠지거나 금이 생길 가능성이 커진다. 오래된 치아 충전재가 녹아내려 치아 사이에 공간이 생기기 시작한다. 잇몸도 내려앉기 시작하는데, 치주질환이 있거나 칫솔질을 세게 하는 습관이 있다면 더욱 심하게 내려앉을 것이다. 잇몸이 내려앉으면 충치가 생길 위험이 높아진다. 충치 치료는 비용이 많이 들 뿐 아니라, 상황이 심각해지면 일상생활이 불가능하기 때문에 지속적으로 치과 검진을 받아야 한다.

남성의 4분의 1은 30대부터 머리가 벗겨지기 시작한다. 한 가설에 따르면, 대머리는 노화와 사회적 성숙도를 나타내는 징후라고 한다. 사회적으로 성공을 하고 안정기가 찾아오면서 남성의 공격성이 낮아지고, 위험 부담이 줄어들기 때문에 대머리가 된다는 것이다.

그러나 생물학적 관점에서 보았을 때에는 노화로 구분 짓는 것이 맞다. 인간의 두피에는 평균적으로 약 10만 개 정도의 모발이 있으며, 매일 약 100개의 머리카락이 빠진다. 대머리가 되는 이유는 모발이 빠진 자리에서 다시 자라지 않기 때문이다. 주로 노화 때문에 머리카락이 빠지지만 요즘은 스트레스도 주요 원인이 된다.

머리카락이 검은색인 이유는 검은 색소를 생성하는 멜라닌 세포 때문이다. 흰머리가 나는 이유는 멜라닌 세포 수가 감소하거나, 멜라닌 세포를 생성하는 능력이 소멸되기 때문이다. 아직까지 확실한 원인은 밝혀지지 않았지만, 머리카락이 다

빠지기 전에 흰머리가 생기는 이유는 머리카락의 줄기세포 수명이 멜라닌의 그것보다 훨씬 길기 때문이라고 추측하고 있다. 스트레스는 멜라닌 세포의 생존과 활동에 영향을 끼칠 수 있지만, 스트레스와 흰머리 사이의 상관관계는 아직까지 밝혀지지 않았다.

대중이 오해하고 있는
그들의 사생활

마지막으로 노인들의 성생활에 대해서 잘못 알려진 사실이 많다. 만약 젊은이들에게 노인들이 실제로 성생활을 즐긴다고 말한다면 믿지 않을 것이 분명하다. 그런데 놀랍게도 나이가 들면 성기능이 떨어진다는 연구 결과나 자료는 찾아보기 힘들다.

실제로 65세 이상 노인들의 성에 대한 관심도나 성생활 수준은 높은 편이다. 미국에서 기혼남녀를 대상으로 최근에 실시한 조사를 보면, 60~64세의 부부 중 90퍼센트가 성생활을 활발히 하고 있다고 했다. 이 수치는 연령대가 높아지면서 낮아지기는 했지만 80세 이상이 된 부부 30퍼센트는 여전히 성생활을 하고 있다고 밝혔다. 또 다른 조사에 의하면 65세 이상의 남성들은 70세가 될 때까지 성생활을 즐길 것이라고 대답

했다. 이는 65세 이후부터 여성들의 성생활이 급격하게 줄어
드는 것과 다소 차이가 있다. 그 이유는 여성들의 경우, 배우
자가 연상인 경우가 많고 남성의 수명이 여성보다 낮기 때문
이다.

그러나 70세 이상이 될수록 남성들은 심각한 발기부전 증
세를 보이게 된다. 성생활을 하지 못하는 가장 흔한 이유는
신체 질병과 관련이 있다. 65세 정도 되는 남성의 15~25퍼센
트는 성관계를 맺을 때 4번 중 1번 정도 발기부전 증세를 겪
는다. 이것은 심장질환, 고혈압, 당뇨병이 있는 남성에게 일
어난다. 항우울제, 스타틴콜레스테롤 저하제, 벤조디아제핀정신안정제
과 같은 의약품이 발기부전을 야기할 수도 있다.

기록에 의하면, 나이가 들수록 노인 여성은 남성에 비해 성
적 문제로 고민하는 경우가 훨씬 적다고 한다. 대부분의 건강
한 여성들은 신체에 별다른 문제가 없다면 죽을 때까지 변함
없는 성생활을 기대할 수 있다.

젊은 사람보다
더 젊게 사는 법

　　　　　간략하게 노화로 인한 신체 변화를 알아보
았다. 만약 노화를 몸소 경험하고 있거나, 코앞에 다가와서

절망적으로 느껴진다면 다음 시를 들려주고 싶다. 이는 17세기 유명한 프랑스 시인 라퐁텐La Fontaine이 쓴 우화시로 〈노인과 세 젊은이The old man and the three young men〉라는 제목이다.

한 노인이 나무 한 그루를 심고 있었다.
그러던 중 이웃에 사는 세 청년을 만났다.
청년 중 한 명이 소리쳤다.
'지금 나무를 심는 것은 망령이에요,
선생님께서 므두셀라의 나이까지 살지 못하신다면
살아생전에는 열매 맺는 것은 보지도 못할 텐데……
무덤을 만드는 것이 훨씬 더 현명한 일이에요.'
하지만 세 젊은이 모두 사고로 목숨을 잃었다.

늙은 노인은
세 젊은이를 위해 눈물을 흘리면서
그들과 있었던 일을 대리석 위에 써 놓았다.

지금까지 언급한 노화의 모든 과정은 나이를 먹으면 반드시 겪는 것이 아니다. 대부분은 젊을 때 노력을 한다면 시기를 늦추거나 예방할 수 있다. 노령의 나이에도 20대 청년들보다 강한 체력을 가진 사람들을 우리는 쉽게 찾아볼 수 있다.

미국의 야구선수 사첼 페이지Leroy Robert Paige는 59세까지 메이저 리그에 선발 투수로 등판한 걸로 유명하다. 그는 최고령 투수로 이름을 남겼다.

노화는 상대적이다. 매일 정해진 식단대로 아침 식사를 하고 꾸준히 운동을 하는 60세의 노인이 술과 정크 푸드로 끼니를 때우고 운동과 담을 쌓은 20세의 청년보다 체력이 월등하다는 건 쉽게 예상할 수 있다.

불과 얼마 전만 해도 운동선수에게 40세는 당연히 은퇴를 고려해야 하는 시기였으며, 50세는 분명히 한물간 나이였다. 하지만 현재는 그 이상의 나이에도 얼마든지 현역으로 활동이 가능하다. 나이에 따라서 운동 능력 쇠퇴에 대한 예외적인 모습을 보여주는 경우가 있다. 어떤 사람들은 끊임없이 훈련해서 젊은 사람들도 도전하기 힘든 운동 경기에 참가하기도 한다.

신체가 건장한 사람은 35세 이상이 되면 매년 대략적으로 4퍼센트 정도 운동 능력이 떨어지기 시작하며, 50~75세에는 천천히 떨어지다가 75세 이후에는 급격하게 떨어진다. 그러나 마라톤선수의 운동 능력은 30~40세에는 1년에 약 2퍼센트씩 떨어지며, 40~50세에는 8퍼센트, 50~60세에는 13퍼센트, 마지막으로 60~70세에는 14퍼센트씩 떨어진다. 2003년 캐나다의 장거리 달리기 선수 애드 위틀록Ed Whitlock은 73세의 고령에도 불구하고 마라톤 코스를 3시간 안에 완주하는 기록을 세웠다.

'노장 축구선수는 절대 죽지 않는다, 그들은 최종적인 목적을 성취할 뿐이다'라는 명언을 남긴 축구선수가 있다. 노저 밀러Roger Milla는 1994년 월드컵에 카메룬 국가대표로 출전했을 당시 42세였다. 1990년 월드컵에 출전해서 4골을 기록하며 세계적인 스타덤에 올랐을 때 그의 나이는 이미 38세였는데, 그 나이는 대부분의 축구선수가 은퇴하는 시기였다.

호주의 루스 프리스라는 여성은 100세가 되던 2009년에 시드니에서 열린 월드마스터즈 게임World masters Games에 참가해서 화제가 되었다. 그녀는 투포환 대회에서 4미터를 조금 넘는 기록을 세우면서 세계 신기록을 세웠다. 그녀가 세계대회에서 딴 메달이 100개가 넘는다고 한다. 그녀는 일주일에 다섯 번씩 36킬로그램이 넘는 역기를 들면서 훈련을 했다고 한다. 한 인터뷰에서 그녀는 다음과 같이 말했다.

"기록은 중요하지 않아요. 운동을 좋아할 뿐이에요. 그저 하루하루를 즐겁게 지내다보니 어느새 일 년이 가더라고요."

전문가들은 운동이 노화는 물론 이와 관련된 만성 질환 및 암을 예방하는 좋은 방법이라고 입을 모아 말한다. 특히 퇴행성 뇌신경 질환을 예방하는 데도 도움이 된다고 한다. 알츠하이머병과 관련된 유전자를 갖고 있는 사람들에게 운동은 이로운 역할을 한다는 연구 결과도 있다.

　또한 식습관 개선도 노화현상에 중요한 영향을 미친다. 식습관 개선에는 노화 방지와 연관이 있는 식물성 화학 물질, 영양소 등이 골고루 포함된 식생활 및 칼로리를 제한하는 식단 등이 포함된다. 특히 채식 위주의 식단은 퇴행성 질환 및 만성 질환을 예방하는 데 효과적이라는 연구 결과가 발표되었다. 채소에는 노화현상을 막아주는 식물성 화학 물질, 비타민 등이 많이 포함되어 있기 때문이다.

　식물에서 유래한 몇 가지 물질은 뇌신경 퇴화와 암을 예방하는 데에도 관여한다. 특히 양파의 껍질에 많이 함유되어 있다고 알려진 케르세틴quercetin, 블루베리에 함유된 안토시아닌anthocyanins, 미량원소 중 하나인 셀레늄selenium 등이 그렇다. 로즈메리에서 추출한 카르노스산carnosic acid은 지방과 관련된 표지 물질을 조절함으로써 암 발생을 억제한다는 연구 결과가 있다. 이렇게 노화 방지를 억제시키는 물질을 섭취하는 것도 중요하지만 칼로리를 제한하는 식단 역시 중요하다. 식단을 조절하면 뇌신경을 보호하는 물질이 생성되기 때문이다.

　나이를 먹는다는 것은 인체에 유해한 환경과 옳지 못한 생활 방식에 노출되는 시간이 길어진다는 의미이다. 질병에 걸릴 확률은 높아지고 점점 병원에 있는 시간이 길어져 가족들의 걱정거리가 된다.

하지만 대부분의 사람들은 자신이 건강하며, 나이를 먹어도 이 사실은 변하지 않을 거라고 과신한다. 건강에 이상 신호가 와도 단순한 노화현상이라고 받아들이고 치료할 생각조차 하지 않는다. 자신이 더 이상 젊지 않다는 사실을 받아들이지 못하기 때문이다.

그런데 이렇게 나이를 먹는다는 것을 부정하고 노년의 삶에 안 좋은 이미지를 갖고 있는 사람들이 그렇지 않은 사람에 비해 질병에 걸릴 확률이 높다는 연구 결과가 나왔다. 예일대학교의 심리학 교수인 베카 레비는 나이 드는 것이 기분 좋은 경험이라고 생각하는 사람들이 그렇지 않은 사람들보다 7년 정도 더 산다고 했다. 금연과 체중 유지를 실천하고 더불어 낙관적인 가치관을 갖는 것이 죽는 날까지 건강한 신체와 정신을 유지하는 가장 좋은 방법인 것이다.

나이를 먹을수록 건강이 예전 같지 않음을 느낄 것이다.

나는 지난 20년 동안 매주 토요일마다 테니스를 쳤다. 덕분에 근육량을 유지하고 또래의 다른 이웃보다 건강한 삶을 살고 있다. 지난 수년간 그 흔한 감기에도 걸리지 않았다. 나는 체력이 떨어져서 더이상 침대에서 일어날 기력이 남아 있지 않을 때, 그때 테니스 치는 것을 멈출 생각이다.

이처럼 노화는 개인마다 차이가 있으며, 노력으로 속도를 늦출 수도 있다. 날마다 안락의자에 앉아 마치 죽을 날을 받아 놓은 것처럼 무기력한 삶을 보낼 것인지, 젊은이들보다 더 젊게 더 활기차게 남은 인생을 살 것인지는 우리가 선택해야 할 문제이다.

3장
희미해지는 정신

FORGETTING

> "처음엔 이름, 그 다음엔 얼굴을 잊는다.
> 그런 다음, 지퍼를 올리는 것을 잊는다.
> 그리고 지퍼를 내리는 것을 잊는다."
> － 레오 로젠베르크 Leo Rosenberg

자꾸만 깜빡깜빡
하는 것도 병이다?

　　　　　나는 매일 새벽 다섯 시에는 어김없이 일어나 한 시간씩 산책을 한다. 아주 젊을 때부터 꾸준히 해오던 습관이다. 새벽의 산책길은 나에게 많은 사색과 영감을 준다. 며칠 전에도 산책을 하기 위해 일어나 시계를 봤는데 세상에! 시곗바늘이 여덟 시를 가리키고 있었다. 맹세코 한 번도 이런 적이 없었는데 말이다. 난 너무 놀라서 부엌으로 달려가 아침을 준비하고 있는 아내에게 왜 깨우지 않았느냐며 책망을 했다. 그랬더니 아내가 놀란 표정으로 이렇게 말했다.

　"오늘 당신은 어김없이 다섯 시에 일어나서 산책을 다녀왔어요. 정말 기억이 나지 않나요?"

아내의 말을 듣는 순간, 오늘 아침 산책을 다녀온 뒤에 잠을 조금 더 자기 위해 침대에 누웠던 기억이 떠올랐다.

몇 번이나 반복해서 하는 말이지만, 우리는 모두 나이 들고 있다. 나이를 먹을수록 신체 기능뿐만 아니라 정신 기능이 떨어진다는 사실을 받아들여야 한다. 기억력 감퇴가 가장 확실한 예이다. 사소한 것들, 특히 고유명사를 잊어버리는 일은 너무나 흔한 증상이다.

이렇게 생각하는 속도와 시간과 공간 인지 능력은 놀랍게도 20대부터 떨어지기 시작한다. 인간의 정신 능력은 22세가 되었을 때 가장 뛰어나며, 5년이 지나면서 점차 악화되기 시작한다. 평균적으로 기억력은 40세 전후에 급속도로 감퇴한다고 한다. 하지만 그동안 축적된 지식을 응용하는 능력은 60세까지 발달한다고 한다. 100세까지 장수했던 미국의 코미디언이자 작가인 조지 번스는 "사람은 80세가 되면 모든 것을 습득한다. 다만 그것을 기억하기만 하면 된다"라고 말했다. 그의 말처럼 인간이 사고하고 생각하는 과정의 속도는 비록 느려지지만 반면에 도덕적인 문제나 복잡한 사회 문제를 해결하는 능력은 더욱 발달한다.

고대 그리스의 비극 시인인 소포클레스Sophocles에 대한 유명한 일화가 있다. 그는 노년이 되어서도 작품 활동에 몰두했

소포클레스는 80세까지 장수한 고대 그리스의 3대 비극시인이다. 그는 죽기 직전까지 123편의 작품을 쓴 것으로 유명하다.

다. 다른 어떤 일도 안중에 없는 것처럼 보였다. 당시 노인에 대한 사회적 통념은 '늙으면 판단력이 사라지고, 그 어떤 보살 핌도 줄 필요가 없다'는 것이었다. 이와 같은 사회적 통념을 일찍이 받아들였던 소포클레스의 아들은 아버지의 재산을 가로챌 궁리를 한다. 법원에 소포클레스가 정신적으로 이상이 있어서 정상적인 판단을 할 수 없기 때문에 재산권을 아들인 자신에게 넘겨야 한다고 주장한 것이다. 이 사건은 결국 재판까지 가게 된다. 배심원 앞에 선 소포클레스는 자신이 80세에 집필한《콜로노스의 오이디푸스》를 낭독했다. 그리고 배심원을 향해 물었다.

"여러분, 이것이 정말로 정신이상자가 쓴 것 같습니까?"

그가 질문을 마치자 마자 배심원들은 그에게 무죄를 선고했다.

고대 로마의 웅변가 키케로Cicero는 "만약 나이가 들어도 일과 취미생활을 계속한다면 정신 기능은 쇠퇴하지 않을 것이다. 이것은 고위직에 있는 사람뿐만 아니라 평범한 사람도 마찬가지이다"라고 말했다. 또한 그는 노년이 되면 기억력이 감퇴한다는 의견에 반대했다.

"젊을 때 관리를 제대로 하지 않았거나, 태어날 때부터 멍청했다면 기억력이 나빠지는 게 당연하다. 하지만 나는 지금까지 한번도 자기가 숨긴 보물이 있는 장소를 기억하지 못하는 노인은 본 적이 없다. 노인들은 자신에게 중요한 일은 반드시 기억한다. 특히 돈을 꿔 간 사람과 금액은 절대로 잊어버리지 않는다."

하지만 불행하게도 키케로의 이 생각은 틀렸다. 사람은 나이를 먹으면 기억력이 감퇴한다. 그 이유는 나이가 들수록 말초신경이 충격을 전달하는 속도가 느려지기 때문이다. 그 결과 기억력과 지각 능력이 떨어진다.

뇌의 위축은 신경에서 뻗어 나온 가지의 수가 줄어들고 체액이 손실되면서 일어난다. 또한 세포체의 크기가 줄어들고 입자형 색소와 미세섬유덩어리가 비정상적으로 뇌 속에 축적된다. 아밀로이드는 비용해성 섬유농축제를 생성하는 단백질로, 알츠하이머병 환자의 뇌에서 발견되며 신경세포를 파괴하는 역할을 한다.

많은 연구 결과, 높은 단계의 인지기능을 수행하는 뇌의 각 부위는 나이를 먹을수록 조화를 이루지 못한다고 밝혀졌다. 그렇기 때문에 일부 인지 영역에서 제대로 작동하지 못하는 것이다. 만약 정상적으로 노화 과정을 겪는다면 뉴런은 최소한의 양만 손실된다. 그런데 이 뉴런의 연결 모양이 변질되는 것은 뇌 기능이 변형되기 때문이다. 세포 내에 존재하는 소기관인 미토콘드리아가 손상되면 뉴런에 영향을 미쳐 알츠하이머병과 같은 치매에 걸릴 확률이 높아진다.

치매에 걸리지 않았어도 나이가 들면 사람의 얼굴을 잊어버리거나, 단어가 생각이 나지 않는 경우를 쉽게 경험한다. 길을 걷다가 누군가가 반갑게 인사를 건넸는데 그 사람이 시야에서 사라질 때까지 이름이 기억나지 않아 당황스러웠던 일도 종종 겪는다. 심지어 그 사람이 누구였는지 시간이 한참 지난 다음에 갑자기 떠오르기도 한다. 내 친구들은 "나이를 먹으면서 내가 할 수 있는 스포츠는 하나밖에 없다네. 바로 안경 찾아 삼만 리 게임이지"라며 물건을 자주 잃어버리는 것을 하소연한다.

그러나 나이가 들었다고 해서 모든 사람들의 정신적인 활동 능력이 떨어지는 것은 아니다. 많은 사람들이 고령의 나이에도 활발하게 정신적인 활동을 해서 뛰어난 업적을 남긴 경우가 있다. 로마 황제인 아우구스투스는 76세에 눈을 감기 직전까지 일을 했고, 윈스턴 처칠은 80세의 나이에 수상을 지냈다. 갈릴레오는 72세에 《새로운 두 과학》이라는 책을 집필했다. 미켈란젤로 역시 노년까지 창작의 열정을 멈추지 않았다. 72살에 성 베드로 성당의 돔 설계에 참여했고, 죽기 전까지 조각칼을 손에서 놓지 않았다고 한다. 밝혀진 바에 의하면 과학자들은 30대 초반이었을 때보다 60대가 되었을 때 2배나 많은 논문을 발표한다고 한다.

기억을 갉아먹는 무서운 질병, 치매

영국의 한 저명한 텔레비전 진행자가 어느 금요일 저녁에 동료와 식사 약속을 한 것이 생각나서 집으로 찾아갔다. 초인종을 누르자 한참 만에 모습을 드러낸 동료가 놀란 표정으로 그에게 무슨 일로 찾아왔느냐고 물었다. 약속을 잊어버린 동료가 괘씸했던 그는 싸늘한 표정으로 말했다.

"오늘 밤에 저녁 식사를 함께하기로 하지 않았나?"

그러자 동료가 "우린 이미 지난주에 식사를 했지 않은가"라고 대답을 했다고 한다.

나이에 따른 기억력 감퇴는 기억의 성질에 따라 분류할 수 있다. 뇌의 특정 부위가 손상되었다면 개인적인 경험을 기억하기는 어렵지만, 새로운 단어는 습득할 수 있다. 이것을 암묵적 기억implicit이라고 한다. 이 암묵적 기억은 예전의 경험이나 사건을 기억하는 외현 기억과 구분된다. 외현 기억explicit memory과 일화 기억은 경험했던 일에 대한 장소와 시간, 그리고 감정 등에 대한 기억episodic memory을 말한다. 이는 가장 흔하게 잊어버리는 기억이기도 하다.

나이가 들면서 기억력이 감퇴되는 일은 흔히 있는 일이지만 한편으로는 걱정스럽기도 하다. 이러한 기억력 감퇴를 우리는 '치매'라는 증상으로 더 잘 알고 있지만, 사실 치매는 알츠

알츠하이머병을 심화시키는 가장 큰 요인은 무관심이다. 하지만 이 병의 증상은 모호한 경우가 많기 때문에 이상한 점을 발견해 내기란 매우 어렵다.

하이머병이 유발하는 증상 중의 하나이다. 단순한 기억력 감퇴가 심각해지면 먼저 개인의 경험이나 자전적 기억인 '일화 기억'을 잊어버린다. 이것이 심해지면 점차 가족조차도 알아보지 못하게 된다.

치매라는 용어는 1801년 프랑스의 필립 피넬^{Philippe Pinel}이라는 의사가 최초로 사용했다. 그 당시는 치매라는 증상이 어떤 원인으로 발병하는지 알지 못했을 때였다. 치매 환자들은 체인에 묶인 채 비인권적인 대우를 받았다고 한다. 피넬은 치매 때문에 고통 받는 환자들이 인간적인 치료를 받아야 한다고 주장했다. 이 젊은 의사는 치매를 치료하기 위한 방법을 연구하고, 이를 '정신이상자를 위한 도덕적 치료^{moral treatment}'라고 불렀다.

피넬의 제자인 도미니크 에스키롤은 치매 현상을 매우 자세하고 상세하게 묘사해서 기록으로 남겼다. 치매에 걸린 환자는 평소에 애지중지하던 물건을 갑자기 무관심하게 대한다. 가족에게도 동일한 반응을 보인다. 또한 쓸데없는 집착 증세를 보인다. 그리고 대부분의 치매 환자는 단명한다. 에스키롤은 숨진 치매 환자를 부검하던 중에 뇌 속에서 비정상적인 나선형을 발견한다. 하지만 당시 의술로는 이것의 정체를 알아낼 방법이 없었다. 결국 수십 년이 흐른 뒤에야 이 나선형에 대한 연구가 진행되었다.

치매는 뇌 기능에 최소한 두 군데 이상의 문제가 생겼을 때 발생한다. 치매 증상에는 기억력 감퇴와 판단력 저하, 언어 장애 등이 있다. 치매에 걸린 사람은 사람의 얼굴이나 이름을 혼동하거나 기억하지 못할 뿐 아니라 성격 자체가 완전히 변한다. 치매는 원인과 종류가 다양하다. 어떤 경우에는 완치가 가능하기도 한데, 그러기 위해서는 조기 진단이 매우 중요하다.

그 중에서 알츠하이머병은 노인에게 나타나는 질병 중 가장 흔한 질환이다. 알츠하이머병은 일단 발병하면 계속해서 진행이 되는데 아직까지 근본적인 치료법이 없다. 이 병은 1864년 독일의 의사인 알로이스 알츠하이머Aloes Alzheimer의 이름을 따서 붙였다.

알로이스 알츠하이머는 51세의 한 여성을 관찰하였다. 그녀는 남편을 심하게 의심했으며, 피해망상과 기억력 장애가 있었다. 이 증세는 점점 악화되어 시시때때로 비명을 질러댔다. 알츠하이머는 그녀의 뇌 조직에서 가는 섬유다발인 아밀로이드 단백질과 세포 파괴로 생긴 비정상적인 농축덩어리를 발견하고 이를 관찰하였다. 그리고 1906년에 그녀와 같은 질병을 앓고 있는 사람들을 연구한 결과를 발표하였다. 그리고 1910년부터 알츠하이머병이라는 병명으로 불려지기 시작했다. 영국에는 현재 치매 환자가 약 82만 명이 있으며, 이 환자 중 절반은 알츠하이머병으로 고통받고 있다.

알츠하이머병의 원인에 대해서는 아직까지 정확히 알려진 바가 없다. 하지만 노화가 알츠하이머병의 가장 중요한 위험 인자임은 분명하다. 이 병은 아밀로이드와 같은 신경 독성물질의 축적으로 인한 양측 측두엽의 기능 저하로 시작된다. 점차 비정상적으로 뭉쳐 있는 특징적인 단백질 덩어리와 신경섬유농축체 등이 전반적인 뇌의 피질부로 확신되면서 진행된다. 일부 환자에게서 유전적인 원인이 발병에 기여한다는 사실이 밝혀지기도 했다.

그 중에서 정신분열증이라고도 불리는 조발성 치매증은 다양한 유전자돌연변이 때문에 발생한다. 이 유전자돌연변이는 섬유단백질 덩어리인 아밀로이드를 뇌 속에 축적시킨다. 단백질이 아밀로이드로 변형하면 인체에 치명적인 영향을 미친다. 이 아밀로이드 덩어리는 광우병과 크로이츠펠트-야곱병을 유발하는 프리온 단백질을 뉴런과 서로 엉키게 만든다. 이것은 신경세포에 들어오는 타우 단백질과 상호 작용하여 신경세포를 파괴시키는 섬유농축제로 변하는 것이다.

최근 시간이 경과하면서 인지 기능이 변화하는 것은 뇌척수에 있는 타우 단백질과 아밀로이드 단백질의 수치와 연관성이 있는 것으로 밝혀졌다. 단백질 수치의 변화가 경미한 조발성 치매증의 신호일지도 모른다. 이것은 알츠하이머병의 초기 단계를 진단하는 테스트를 개발하는 데 상당한 도움이 되고 있다.

알츠하이머병의 유전자 위험 인자는 혈류에 있는 콜레스테롤 이동을 돕는 단백질인 APOE 유전자와 관련이 있다. 알츠하이머 위험인자인 APOE4는 인구의 25~30퍼센트에서 나타난다. 하지만 이것을 갖고 있지 않은 환자도 많다. 이 유전자가 후세에 전해지는지 명확하게 밝혀지지는 않았지만, 많은 사람들이 조상들로부터 유전이 될지도 모른다는 불안감을 갖고 있다. 특히 부모가 치매로 고통 받는 모습을 본 사람들은 그 공포심이 극에 달한다.

알츠하이머병의 전형적인 증상은 물건을 제자리에 두지 못하고 똑같은 질문을 반복적으로 하는 것이다. 또 단어를 기억하지 못해서 한 문장도 완벽하게 완성시키지 못한다. 언어 이해력이 떨어지고 망상, 우울증, 불안, 신체 공격 등과 같은 비인지적 증상도 보인다. 가족을 알아보지 못하고 성격이 공격적으로 바뀌기 때문에 환자를 돌보기가 매우 어려운 병이기도 한다. 배우자가 치매에 걸린 사람은 나중에 치매에 걸릴 확률이 보통 사람보다 6배나 높다는 연구 결과가 있었다. 이것은 치매 환자를 돌보는 일이 극심한 스트레스를 준다는 것을 증명하는 예이다.

알츠하이머병을 완치할 수 있는 방법 또한 아직까지 개발되지 않았다. 하지만 아리셉트Aricept와 같은 일부 약품이 기억력 개선에 도움을 준다는 것이 밝혀졌다. 그러나 효과가 어느 정도인지, 병이 낫기 위해 시간이 얼마나 걸릴지는 명확하지 않다. 또한 생체 내에서 일어나는 작용을 억제시키는 항히스타민제의 일종인 디메돈Dimedon이 치매에 효과가 있다는 기존의 주장은 사실이 아닌 것으로 밝혀졌다. 그 외에 비약물성치료 방법으로 시계와 신문을 이용하는 현실감각훈련이나 과거 사건을 기억해 내도록 하는 회상요법, 신체와 정신을 이용한 게임, 음악요법 등이 있지만 모두 영구적인 완치요법이라고 보긴 어렵다.

알츠하이머병과 증상이 비슷하지만 종류가 다른 치매로는 노인성 치매로 더 잘 알려진 루이소체 치매Lewy bodies dementia가 있다. 1912년 신경과의사 F.H.루이에 의해 처음 기술된 것으로 경중 인지기능장애와 치매를 보이는 70세 이상 노인의 10~20퍼센트를 차지하는 병이다. 뇌에 '루이소체'라는 비정상적인 물질이 축적되는 퇴행성질환이다.

루이소체는 망가져가는 신경세포 안에서 발견되는 단백질 덩어리이며 뇌간의 흑질 부위에서 잘 관찰된다. 이 루이소체가 대뇌피질 전체에 걸쳐 광범위하게 관찰될 때 알츠하이머병과 매우 유사한 증상을 보인다. 헛것이 보이는 증상이 반복적으로 나타난다는 것이다. 또한 수면 중에 격렬한 몸부림을 하는 수면 장애를 겪는다. 그리고 어떤 날은 아주 명료한 의식을 보이다가도 갑자기 정신이 혼미해지고 기면상태에서 깨어나지 못하는 상태가 될 수도 있다. 집중력 및 주의력 장애와 단기기억장애가 나타나기도 한다. 또한 초기에 파킨슨병과 같은 근육 경직이나 비자발적 동작이 나타나는 것이 특징이다.

치매의 다른 형태로는 노화로 인해 뇌에 공급하는 혈액량이 감소되어 발생하는 혈관성 치매가 있다. 뇌와 심장에 혈액을 공급하는 동맥에 이상이 생겨 뇌 기능이 손상된 결과 나타나는 질병이다. 때로는 뇌졸중 이후에 발병하기도 한다. 또한 고혈압 환자에게도 나타난다. 주요 증상은 마비나 감각장애이며, 동시에 인지기능장애가 온다. 대개의 경우 환자 자신도 모르게 증상이 나타나며 서서히 진행된다.

혈류는 신체 각 기관에 산소와 영양분을 운반하는 역할을 한다. 그뿐 아니라 뇌를 둘러싸고 있는 체액에 쌓여 있는 찌꺼기를 제거한다. 이 찌꺼기가 바로 아밀로이드와 타우 단백질이다. 치매 환자를 치료하기 위한 하나의 방법으로 이 혈류를 증가시키기 위해 두개골에 구멍을 내는 개공술이 있다. 이 기술은 뇌 주변에 흐르는 체액의 양을 증가시키는 원리이다. 하지만 위험성이 크다는 단점이 있다.

광우병이라고 불리는 크로이츠펠트-야곱병은 치매의 또 다른 형태이다. 이 병은 치명적인 뇌손상이 일어났을 때 발병한다. 주로 60세가 넘은 노인들에게 산발적으로 발병한다. 증상으로는 성격의 변화, 기억력 감퇴, 판단력 장애, 시력 문제 등이 있다. 심할 경우 시력을 잃기도 한다. 병에 걸린 환자들은 일 년 내에 사망한다.

파킨슨병은 치매 다음으로 흔한 신경퇴행성장애이다. 현재 영국에는 12만 명이 넘는 사람들이 이 병에 걸려 고생을 하고 있다. 발병 원인은 아직까지 밝혀지지 않았으나, 운동 기능을 담당하는 세포의 활동을 촉진하는 신경전달물질인 도파민을 생성하는 신경 세포에 문제가 생겼을 때 발병한다고 추측을 하고 있다. 파킨슨병은 한쪽 팔이나 다리 근육이 강직되고 동작이 느려지는 초기 증상을 보인다. 파킨슨병에 걸린 사람의 75퍼센트가 65세 이상의 노인들이다.

지금까지 살펴본 알츠하이머병과 치매 증상은 환자는 물론 가족을 비롯한 주변 사람들에게 심적으로나 신체적으로 심한 고통을 안겨준다. 전 세계적으로 치매 인구는 약 3,600만 명으로 추정된다. 아직까지는 치매가 일반적인 노화현상이라는 인식이 지배적이다. 그래서인지 심지어 고소득 국가에서도 치매 진단을 받는 사례가 20~50퍼센트밖에 되지 않는다고 한다. 2009년 세계 알츠하이머 보고서에 따르면 치매 환자의 수는 20년 마다 거의 두 배가 증가할 것으로 예상되고 있다.

사회는 의학 기술이 놀라운 속도로 발전하고 있으며 복지가 향상되고 있다. 점차 고령화 사회로 접어들고 있는 이 시점에서 알츠하이머병은 암과 더불어 인류가 가장 많은 힘을 쏟아야 할 의학 분야임이 분명하다. 하지만 앞서 언급한 것처럼 정확한 원인이나 메커니즘은 여전히 밝혀지지 않고 있으며 확실한 치료법도 없는 상황이다. 지난 20년 동안 많은 과학자들이 연구를 해 왔고 5만 편 이상의 논문이 발표되었음에도 불구하고 별다른 진전이 없는 것 또한 문제이다. 이는 표면적인 증상만 가지고는 이 병을 도저히 연구할 수 없다는 것을 의미한다. 근본적인 해결책은 인간의 뇌에 대한 연구가 좀 더 활발히 진행되는 것이다. 기초 과학 연구의 지원이 시급한 상황이다.

뇌 수축은 인간만의
노화현상

　　　　　인간의 뇌는 나이가 들수록 줄어든다. 이 현상은 영장류를 포함한 모든 동물 중에서 사람에게만 있는 유일한 현상이다. 미국 조지워싱턴대 연구진은 이는 인간이 더 오래 살기 때문에 노화와 관련된 질병에 더 취약하다는 것을 의미한다고 밝혔다. 또한 사람의 뇌가 수축하면서 치매나 기억 손상, 우울증 같은 노화와 관련된 질병에 걸리는 것으로 보인다고 미국립과학원회보PNAS에 발표했다.

　사람은 나이가 들면서 뇌가 점점 가벼워져서 80세에는 평균적으로 원래 무게의 15퍼센트가 줄어드는 것으로 밝혀졌다. 그런데 알츠하이머병과 같은 질병을 앓는 사람의 뇌 수축 현상은 더욱 심한 것으로 나타나고 있다. 뇌의 무게 감소는 손가락처럼 생긴 섬세한 뉴런 구조와 뉴런들 사이의 연결 부위가 쇠퇴하는 현상과 관련이 있다. 뇌 조직이 서서히 쇠퇴하면서 사고와 기억을 처리해 몸의 다른 부위에 신호를 보내는 뇌의 능력이 점점 줄어드는 것이다. 그 중에서도 높은 수준의 사고를 담당하는 대뇌피질이 운동을 담당하는 소뇌보다 심하게 줄어드는데 그 원인은 아직 밝혀지지 않았다.

　연구진은 22~88세의 건강한 사람 80명의 뇌 자기공명영상MRI을 동일한 수의 침팬지 뇌와 비교한 결과, 침팬지의 뇌는 줄어들지 않는다는 사실을 발견했다. 한 조상으로부터 갈라진 지 500만~800만 년이라는 시간이 이런 차이를 만들어낸 것이라고 연구진은 분석했다. 뇌 용량이 사람의 3분의 1인 침팬지는 죽을 때까지 번식 능력을 갖고 있지만, 대신 사람 여성은 폐경 후에도 대부분 오랫동안 산다. 이렇게 사람의 수명이 긴 까닭은 어머니 혼자 자식을 키우는 부담을 할머니가 덜어주도록 진화했기 때문으로 보고 있다.

사회적 문제가 되고 있는
노인 우울증

많은 사람들이 치매로 고통을 겪고 있다. 하지만 그보다 더 심각한 것은 우울증이다. 65세 이상의 노인들 중 무려 15퍼센트가 우울증을 앓고 있다고 한다. 우울증을 앓고 있는 고령자의 수가 치매를 앓고 있는 수보다 3배나 많다. 노인 우울증의 원인은 상실감과 관련이 있다. 이들은 가족들이 자신의 곁을 떠난 후에 외로움을 느끼고, 은퇴 후에 일어나는 생활의 변화를 쉽게 받아들이지 못하며 자신이 사회적으로 고립되었다고 느낀다.

노인성 우울증에 걸린 환자는 일반적인 우울증 환자보다 슬픔의 감정은 적게 느낀다. 그러나 신체적 증상을 지나치게 걱정하거나 심할 경우 집착을 하게 된다. 노인성 우울증이 심각해지면 치매 증상이 나타나기도 한다.

우울증은 면역력을 저하시켜 암과 같은 자기면역능력이 중요한 질환의 치료효과를 떨어뜨리는 데 결정적인 역할을 한다. 또한 질병과 질환의 치료효과를 감소시킨다. 그뿐 아니라 불면증이나 과민성 대장증후군, 위장장애 등의 증상을 유발하기도 한다.

게다가 우울증은 자살과도 긴밀한 연관성을 갖고 있다. 우울증을 앓고 있는 많은 사람들이 때때로 자살 충동을 느낀다.

최근에는 부작용을 최소화시킨 항우울제가 개발되어 사용되고 있다. 증상이 완화된 후에도 재발의 위험이 높기 때문에 꾸준한 치료가 필요하다.

나 역시 65세가 되었을 때 심각한 우울증에 걸렸다. 중요한 프로젝트가 끝나고 더 이상 사회에서 쓸모없는 인간이 되었다고 느꼈다. 지금은 꾸준히 치료를 한 덕분에 완벽하게 치유되었다.

정말 이렇게 나이를 먹으면 온갖 질병에 시달리기만 하고 좋은 점은 하나도 없는 것일까? 당연히 있다. 나이를 먹을수록 경험이 쌓여간다. 그리고 젊은이들은 절대로 가질 수 없는 지혜를 갖게 된다. 문제를 다각적으로 바라보고, 잘못된 점을 발견하는 데 탁월한 능력을 갖게 된다. 또한 고도의 집중력이 요구되는 일을 손쉽게 해결할 수 있다. 문제 해결 능력, 일에 대한 전문적인 지식이 나이가 들어갈수록 증가한다는 것은 이미 많은 실험과 조사를 통해 입증된 사실이다.

4장

노년을 이해하기

U N D E R S T A N D I N G

"나이가 들어가는 과정에서 변하는 것은 아무 것도 없다.
하지만 모든 것이 완전히 다르다."
- 올더스 헉슬리Aldous Huxley

노화가 찾아오는
100가지 이유

　　　아주 오래 전부터 사람들은 신체 변화가 나타나는 원인을 알고 싶어 했다. 또한 되도록 오래 살 수 있는 방법을 찾기 위해 노력해왔다. 세계에서 가장 오래 된 의학서인 고대 이집트의《에버스 파피루스Ebers Pypirus》에는 늙어서 기력이 쇠약해지는 이유가 심장에 고름이 축적되기 때문이라고 기록되어 있다. 기원전 1550년에 쓰인 것으로 추측되는 이 책은 아마도 노화를 종교적인 관점에서 보지 않은 최초의 기록일 것이다.

　　고대 중국의 도교 신자들은 남성이 나이를 먹는 이유가 정액의 손실과 관계가 있다고 믿었다. 그들은 사정射精을 하지 않으면 늙지 않을 것이라고 주장했다. 인도의 아유르베다 의학Ayurvedic medicine은 5,000년 이상 오래된, 세계에서 가장 오래된 의학체계이다. 이 의학체계를 정립하는 데 일조한 고대 현인 마하리쉬 츠야바나Maharishi Chyavana는 노화방지요법에 대한 의견을 제시했다. 마하리쉬는 노화로 기력이 떨어지거나 노화를 방지하기 위해서는 차완프라쉬chyavanaprasha라는 강장제를 복용해야 한다고 주장했다. 이 강장제의 주요 구성 성분은 구스베리이다.

기원전 400년경, 고대 그리스의 의학은 신앙을 중심으로 발전했다. 그 당시 사람들은 질병과 노화현상이 신의 영역이라고 믿었다. 그래서 병에 걸리면 신전에 찾아가 과거에 지었던 죄를 빌고 제물을 바쳤다. 그렇게 해야 병이 낫는다고 믿었던 것이다.

하지만 신앙과 연관짓지 않고 단순히 신체의 질병이라고 믿었던 이론도 같은 시기에 등장했다. 의학의 아버지라 불리는 히포크라테스는 질병에 걸리는 이유가 사람의 나이와 연관이 있다고 생각했다. 그는 노화현상이 나타나는 이유가 나이가 들수록 신체에서 열과 수분이 빠져나가기 때문이라고 주장했다. 고대 그리스 철학자인 아리스토텔레스는 생명의 본질이 심장에서 생성된다고 생각했다. 그는 노화현상이 일어나는 이유가 심장의 기능이 서서히 떨어지기 때문이며, 그래서 노인의 몸이 건조하고 차가운 것이라고 설명했다. 그는 노화현상을 막기 위해서 뜨거운 물에 목욕을 하고 와인을 자주 마시는 것이 효과적이라고 주장했다.

아리비아의 철학자 이븐시나는 1025년에《의학전법*The canon of Medicine*》이라는 책에서 노환에 대처하는 지시 사항을 최초로 기록했다. 이 책은 현대 노인학과 노인의학의 시초가 되었다. '노인 식이요법'이라는 장에는 충분한 수면을 하는 법, 변비를 예방하는 식단 등 노인을 위한 여러 조언들이 담겨 있다.

그후 프란체스코회 수도사 로저 베이컨Roger Bacon은 사람의 수명을 거주지와 환경과 연관지어 체계적으로 조사하는 역학조사를 최초로 시행했다. 그는 지식을 추구하기 위해서는 구체적인 사실을 놓고 연구해야 하며, 자연 현상을 관찰하는 일이 기초가 되어야 한다고 주장했다. 그는 제한된 식사와 적당한 휴식과 운동, 생활방식의 절제, 철저한 위생 관리를 통해서 노화의 속도를 늦출 수 있다고 생각했다.

비교적 과학적인 시선에서 접근했던 그는 나이 드는 속도를 늦추기 위해 뜻밖의 방법을 내놓기도 했다. 노화를 예방하는 방법으로 숫처녀의 숨결을 들이마실 것을 제안한 것이다. 당시 노화는 신체의 생명 요소가 손실되기 때문이라는 것이 사회적인 통념이었다. 그랬기 때문에 어린 숫처녀의 호흡이

프랜시스 베이컨은 영국 고전경험론의 창시자라고 일컬어진다.
그는 영국 국왕의 최측근 관직까지 올랐으나 그 영광의 기간은 매우 짧았다.

노인의 손실된 생명 요소를 되살릴 수 있을 것이라고 생각한 것이다. 그의 이러한 믿음은 다윗 왕이 늙었을 때 원기 회복을 하기 위해 어린 여자 아이 두 명을 양쪽에 두고 잤다는 이야기에서 유래했다.

　역사상 최초로 노화에 대한 연구를 제안한 사람은 바로 르네상스 과학의 핵심 인물이자 《삶과 죽음의 역사_The History of Life and Death_》의 저자 프랜시스 베이컨_Francis Bacon_이다. 그는 의학의 목적이 수명 연장에 있다고 인정한 최초의 인물이다. 그는 '태어나는 것처럼 죽는 것도 자연스러운 일'이며, 수명을 연장시킬 치료 방법 또한 존재할 것이라고 믿고 있었다. 그는 모든 현상이 관찰이나 실험, 즉 경험을 통해서 입증되어야 한다고 주장한 현실파 인물이었다. 그는 노화가 생명유지에 관련 있는 어떤 신체의 성분이 유실되어서 일어나는 것이 아니라고 믿었다. 그리고 그는 "나는 절대로 죽지 않을 것이다. 나에게 노년은 현재의 나보다 항상 15년 정도 후에 있을 것이다"라고 말했다. 어느 날 그는 마차를 타고 런던 하이케이트로 가던 중에 감기가 노환을 예방할 수 있을 것이라는 생각이 들었다. 그는 즉시 시험을 하기 위해 마차를 세우고, 닭을 구해서 감기에 걸리게 하기 위해 닭에게 눈을 먹였다. 하지만 며칠 뒤 오히려 그가 감기에 걸려 사망하고 만다. 하지만 노화에 대한 그의 관심은 후세 사람들에게 자극제가 되었다.

한편 16세기 중반에 이탈리아에서는 음식을 적게 먹으면 오래 살 수 있다고 믿었다. 음식을 먹으면서 소모되는 수분이 수명을 갉아 먹는다고 믿었기 때문이다.

18세기 영국의 의사 조지 체인George Cheyne은 《영국인 병폐The English Malady》라는 자신의 저서에서 영국인들의 죽음은 안락·부·사치를 넘칠 정도로 누리기 때문이라고 했다. 그리고 노화를 예방하기 위해서는 몸이 열을 유지할 수 있는 정도로만 음식을 섭취해야 한다고 했다.

얼마 뒤 독일의 의사 후펠란트Hufeland는 방탕한 생활을 하면 수명이 줄어들기 때문에 금주를 하고 음식을 충분히 씹으며 긍정적으로 행동해야 한다고 말했다. 그는 자신의 저서에서 다음과 같이 진술했다. '젊은 시절부터 채식을 하고 육식을 입에 대지도 않은 사람들이 매우 우아하게 나이 들어가는 모습을 빈번하게 본다.' 그는 누구나 자기만의 수명을 갖고 태어나며, 나이가 들수록 수명이 줄어든다는 견해를 받아들였다.

노화에 대한 과학적인 연구가 시작되다

노화에 대한 과학적인 연구는 벤자민 곰페르트에 의해 본격적으로 시작되었다. 1825년 그는 몇 개 국가에서 시행한 인구조사 결과를 분석한 논문을 발표했다. 그 논문은 질병과 사망률이 함께 증가한다는 내용을 담고 있었다. 그는 사람들이 사망하는 이유가 두 가지인데 하나는 우연한 사건 때문이며, 다른 하나는 노화로 인한 질병 때문이라고 주장했다. 특히 곰페르츠는 후자인 노화로 인한 사망에 관심이 많았으며, 사망률에 관한 인구통계학적 모델인 곰페르츠모델을 만들었다.

1859년 영국의 생물학자 찰스 로버트 다윈이 진화론을 발표한 이후, 독일의 생물학자 아우구스트 바이스만이 프라이부르크대학교에서 노화를 주제로 강의를 했다. 그는 다윈의 진화론과 세포의 행동을 연구해서 노화와의 상관관계를 설명했다. 그는 노화하는 이유가 세포의 재생 능력에 한계가 있기 때문이라고 주장했다.

그의 이론에 따르면 노화는 인간이 순응해야 하는 과정이다. 왜냐하면 노화는 나이가 든 생명체가 집단 내에서 다른 젊은 생명체와 경쟁하지 못하도록 제거하기 위한 생물학적인 장치이기 때문이다. 그는 사람이 자손을 낳고 양육의 의무를 다했다면 종으로서 역할을 다한 것이라고 생각했다. 또한 그는 정자와 난자를 생산하는 생식계열세포가 노화하지 않는다고 주장했다. 만약 생식세포가 노화를 한다면 인류는 머지않아 멸종할 것이라는 이유에서였다.

파리의 파스퇴르 연구소Pasteur Institute의 유명한 신경전문의 샤르코Jean-Martin Charcot는 노화 연구가 더욱 발전되어야 한다고 주장했다. 그는 노화 연구가 방치되고 있다는 사실을 인정했다. 노인의학에 관한 그의 강의는 대중의 관심을 불러일으켰다. 샤르코는 강연 중에 노년은 신체 기능의 약화와 퇴행성 질병이 함께 일어나는 시기라고 주장했으며 그의 발언은 그 당시 사람들에게 큰 영향을 미쳤다.

1903년 러시아 과학자 메치니코프가 처음으로 노년학gerontology이라는 용어를 만들었다. 'Geronte'는 프랑스어로 남성이라는 의미이며, 사실상 노년과 아무런 관계가 없지만 아직까지 광범위하게 쓰이고 있다. 메치니코프는 우리 몸의 세포가 박테리아와 같은 외부 침입자를 어떻게 방어하는지 연구했다. 그리고 우유를 발효시킨 요구르트가 장에서 발생하는 박테리아의 독성을 살균해주기 때문에 노화현상을 막을 수 있다고 주장했다.

노인의학Geriatrics은 노년을 뜻하는 그리스어 'geras'에서 시작되었다. 노인의학은 오스트리아 출신의 의사 이그나츠나 스케르Ignatz Nascher와 캐나다 출신의 저명한 외과의사 윌리엄 오슬러William Osler에 의해 발전되었다. 두 사람은 노인과 노화현상에 대해 상당히 대조적인 시각을 갖고 있었다.

이그나츠나 스케르는 노화현상과 노인성 질병의 차이점을 구별하는 방법을 찾기 위해 노력했다. 그는 나이가 들어도 뇌를 제외한 세포는 죽을 때까지 재생된다는 오류를 범하기도 했다. 반면 오슬러는 심각한 노인차별주의자였다. 존스 홉킨스 병원장이기도 했던 그는 사람의 황금기가 25세부터 40세까지이며, 그 이후부터는 쓸모없는 존재라고 했다. 그는 나이든 사람들에게 자살이나 타살을 할 때 고통을 줄여주는 마취제인 클로로포름Chloroform의 선택권을 주는 것이 나쁜 생각이 아니라고 했다. 결국 오슬러는 자신의 이러한 주장을 펼친 강의 때문에 자살하는 사람이 늘어났다는 비난을 받게 되고, 이그나츠나 스케르는 노인의학의 아버지라는 별명을 갖게 된다.

하지만 많은 사람들의 노력에도 불구하고 여전히 노화에

대한 연구는 매우 더디게 발전했다. 20세기 이후 아동발달에 대한 연구는 활발하게 발전되어 갔지만, 노인의학은 여전히 제자리걸음이었다. 그러던 중에 영국의 생물학자 피터 메더워 Peter Medawar가 1952년 사람은 환경적인 인자로 인해 수명이 단축되며, 자연 선택에 의해 생식을 지지하는 좋은 유전자가 초기에 활동하며 나쁜 유전자는 훨씬 나중에 활동한다는 이론을 내놓았다. 이것은 노인의학사에 한 획을 긋는 사건이었다. 이것은 후에 톰 커크우드Tom Kirkwood가 내놓은 마모이론disposable soma theory의 토대가 되었다. 마모이론은 생식과 성장과 방어에 소비되는 에너지의 양에 비해 노화의 재생 과정에 소비되는 에너지의 양은 매우 적다는 것이다. 또한 노화는 몸에 손상이 축적된 결과이며, 오랜 산 생명체는 재생에 더 많은 시간이 필요하다고 이론이다. 그 후에 레오나르도 헤이플릭이라는 학자가 세포는 분열하는 수가 이미 정해져 있다는 사실을 발표해서 사회적으로 큰 파장을 몰고 왔다.

이런 과학자들의 연구에도 불구하고 노인의학은 발전이 더딘 편이다. 하지만 한편으로는 고령화 사회에 들어서면서 급속도로 발전하고 있는 분야이기도 하다. 많은 과학자들이 노화현상의 이유와 수명 연장의 비밀을 풀기 위해 활발한 연구 활동을 하고 있다.

인간 신체에 담긴
비밀스러운 존재, 세포

인간에게는 왜, 그리고 어떻게 노화현상이 일어날까? 그 답은 세포에 있다. 인간의 신체는 수십억 개의 세포로 구성된 집합체이다. 신체의 모든 기능은 세포 활동에 의해 결정된다. 세포는 우주에서 가장 복잡한 구조물이다. 그리고 이 세포의 기능을 결정하는 것이 바로 단백질이다. 유전자는 단지 단백질을 생성하기 위해서 필요한 정보를 제공할 뿐이다.

일반적으로 피부 세포는 수천 개의 단백질을 함유하고 있다. 그리고 그 세포들 중 일부는 수백만 개의 복사본을 가지고 있다. 유전자와 단백질 간의 복잡한 상호 작용을 통해서 수많은 종류의 단백질이 합성되고, 그로 인해서 세포의 기능이 정해지는 것이다. 이 단백질은 긴 줄로 연결된 아미노산이라는 아주 작은 단위로 구성되어 있다. 아미노산은 유전자의 DNA가 해석하는 대로 서열이 정해지고, 정해진 서열에 따라 단백질의 구조와 기능이 결정된다.

인간의 신체는 나이가 들수록 손상(마모)이 되면서 노화하는 것이다. 어떤 면에서 보면 기계와 같다고 할 수 있다. 그런데 노화는 한 번의 손상으로만 일어나지 않는다. 손상된 세포가 계속해서 축적이 되고, 손상된 DNA와 단백질을 재생할 수 있는 능력이 한계에 달했을 때 나타나는 결과이다.

세포는 자가포식autophagy을 한다. 자가포식은 세포가 손상된 성분을 스스로 분해하는 자기소화작용을 말한다. 이 작용으로 인해 노화로 손상된 단백질과 미토콘드리아, 세포막, 단백질과 같은 손상된 세포 구조를 파괴할 수 있다. 그리고 이 자가포식 기능이 떨어지면 손상된 세포가 축적되어 노화현상의 주요 원인이 되는 것이다.

그런데 이 세포 손상은 세포와 조직이 처음 생성됐을 때부터 무작위로 축적되는 경향이 있다. 그래서 일란성 쌍둥이처럼 동일한 유전자를 보유하고 있는 생명체라도 세포 손상의 원인이 매우 다양하기 때문에 노화 과정은 각기 다른 모습이다. 노화 과정에서 우연한 사건은 언제 어떻게 일어나는지 아무도 예측할 수 없기 때문이다.

모든 세포는 노화한다. 유일하게 노화하지 않는 세포는 정자와 난자를 생성하는 생식세포뿐이다. 생식세포는 다음 세대를 만들어야 할 책임을 갖고 있기 때문에 노화로부터 안전할 수 있는 것이다.

노화는 많은 메커니즘이 원인이 되어 일어나는 다원적인 과정이다. 그 중에서 가장 중요한 일부 메커니즘은 DNA 손상과 관련이 있을지도 모른다. DNA 손상은 단백질 기능을 변형시키는 돌연변이와 구분을 해야 한다. 모든 염색체의 DNA는 매일 수천 번씩 화학적 변형을 경험하고 재생을 한다. 체세포에서 손상된 DNA의 염기를 제거하는 일은 하루에 2만 번씩 일어날 것으로 추정된다. 이런 DNA 손상이 노화의 직접적인 원인은 아니지만, DNA 재생 유전자의 돌연변이는 조직노화증후군을 포함한 수많은 희귀질환을 일으킨다.

산소의 또 다른 얼굴, 활성산소

산소는 에너지 생성에 반드시 필요한 물질이지만 노화와 죽음의 주요 원인이 될 수도 있다. 철이 오랫동안 공기 중에 노출되면 녹이 스는 것은, 공기 중의 산소와 결합해서 산화되기 때문이다. 이와 같은 산화 과정이 우리 몸에서도 일어난다. 산소는 우리에게 에너지를 얻게 해주는 대신 몸을 녹슬게도 하는 것이다. 이는 인류 질병의 90퍼센트와도 관련이 있으며 노화를 일으키는 원인을 제공하기도 한다.

우리는 매일 음식을 먹는다. 음식을 먹으면 생명을 지속시킬 수 있는 에너지가 발생한다. 음식물을 소화하면서 흡수된 양분은 세포 소기관인 미토콘드리아에서 적혈구가 가져온 산소와 결합해 산화한다. 이 과정에서 에너지와 열이 발생되는데, 이것이 바로 에너지가 되는 것이다. 하지만 이 과정에서 오염 물질과도 같은 활성산소가 발생된다.

　활성산소는 체내를 돌아다니면서 세포의 구조를 무너뜨린다. 점차 세포 내의 다른 기관들도 공격하면서 우리 몸은 면역력을 잃게 되고 당뇨병, 암과 같은 질병에 걸리게 되는 것이다. 그리고 활성산소가 유전자를 파괴하게 되면 재생능력이 떨어지기 때문에 관절염이나 백내장 등의 퇴행성 질환이 생기는 원인이 되기도 하며 노화를 촉진시킨다. 몸집이 작은 쥐가 보통 쥐보다 수명이 2배나 긴 것은 뇌 속의 미토콘드리아 손상이 감소했기 때문이다. 이런 까닭에 장수를 하는 포유류는 대부분 활성산소로부터 받는 스트레스를 거부하는 세포를 갖고 있다.

　스트레스는 활성산소를 만드는 가장 큰 원인이다. 사람은 스트레스를 받으면 몸을 보호하기 위해 아드레날린과 같은 호르몬이 분비되면서 긴장 상태에 들어간다. 이 과정에서 신체 기관에 많은 혈액을 보내기 위해 맥박과 혈압이 증가하고 호흡이 빨라진다. 많은 산소가 에너지를 만드는 데 사용되면서 활성산소의 발생량이 증가하는 것이다. 활성산소가 거의 모든 질환의 원인이 된다고 할 때 '스트레스는 만병의 근원'이라는 말이 딱 맞는다. 이외에도 흡연이나 과음, 과도한 운동 등도 활성산소 발생을 증가시킨다.

　그러나 활성산소가 우리 몸에 유익한 부분도 있다. 활성산소는 바이러스나 세균이 침입했을 때 이것과 결합함으로써 힘을 못 쓰게 만드는 역할을 하기도 한다. 이렇게 활성산소는 인체에 없어서는 안 될 역할을 하지만 그 양이 지나칠 경우 많은 문제가 나타나는 것이다. 그래서 활성산소의 생성을 약화시키는 여러 대안들이 나오고 있다.

인간의 신체는 활성산소에 대처하기 위한 대책 또한 갖고 있다. 바로 항산화효소인 '슈퍼옥사이드 디스뮤타제superoxide dismutase:SOD'이다. 활성산소가 발생되면 이것이 분비되어 활성산소를 제거한다. 하지만 나이가 들면 면역체계가 약해지면서 이 효소의 분비가 줄어든다. 사람들은 그래서 이 물질이 함유된 식품이나 약품을 찾는 것이다. 이것이 바로 항산화제이다. 대표적으로는 비타민C가 있으며 그 외에도 비타민A, E 또한 항산화 효과가 있다. 이것이 함유된 과일이나 야채로는 브로콜리나 시금치, 토마토, 검은콩 등이 있으며 와인이나 복분자도 있다. 하지만 많이 섭취할 경우 또 다른 활성산소가 나오기도 하기 때문에 주의를 기울여야 한다.

인체를 병들게 하는 이 활성산소의 과다 생성을 막기 위해 많은 과학자들이 연구를 하고 있지만, 살균 능력과 면역체계에 중요한 역할을 하는 이것을 아예 없앨 수도 없는 노릇이다. 항산화제나 활성수소 등이 포함된 제품이 등장하긴 했지만 가장 중요한 것은 활성산소의 생성 자체를 줄이는 것이다.

절제된 식사 습관을 갖고, 과식이나 흡연을 피하며, 스트레스를 받지 않는 것이 가장 효과적인 항산화제라는 것을 항상 명심해야 한다.

생명 시계를 뒤집어 놓을 열쇠, 텔로미어

많은 과학자들이 사람이 왜 나이를 먹고, 늙는지에 대한 여러 가지 추측을 내놓았다. 그중에서 가장 유력한 것이 바로 '텔로미어telomere'라는 것이다. 텔로미어는 인간의 DNA 양쪽 끝에 위치한 반복적인 짧은 염기서열로 염색체의 끝 부분을 보호하는 역할을 한다. 그리스 어로 '끝 부분'을 뜻하는 이 텔로미어는 세포가 한 번 분열할 때마다 길이가 조금씩 줄어든다. 이것이 일정 길이보다 짧아지면 세포는 복제를 멈추고 죽는다. 텔로미어의 길이는 보통 5~10kb(1kb는 DNA 염기 1천 개의 길이)이며, 한 번 세포 분열을 할 때마다 50~200bp(1bp는 DNA 염기 한 개의 길이)만큼 짧아지는 것으로 알려져 있다. 이것이 정상적인 노화 과정이다.

많은 연구를 통해 텔로미어와 노화가 어느 정도 관련이 있다는 것이 밝혀졌다. 최초의 복제양인 '돌리'도 성장이 끝난 암컷 양을 복제했기 때문에 텔로미어가 짧아 일찍 사망한 것

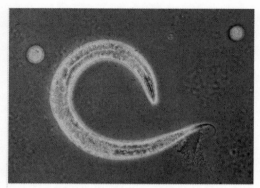

세포의 분열 능력은 매우 왕성하기는 하지만 그렇다고 무한하지도 않다.
인간의 DNA 끝에 있는 '텔로미어'도 영원하지 않다.

으로 밝혀졌다. 또한 조로증^{早老症}을 겪는 사람들에게서도 텔로미어가 짧아지거나 돌연변이가 일어났다. 60세 이상의 사람들 중에서 텔로미어가 짧은 사람은 심장질환으로 사망할 확률이 3배나 높았으며 전염병으로 사망할 가능성은 8배나 높았다.

무한 증식하는 암세포는 텔로미어의 이 짧아지는 현상을 보완하는 '텔로머라제^{telorease}'라는 효소를 갖고 있어서 죽지 않고 계속해서 증식하는 특징을 갖고 있다. 실제로 텔로머라제를 유전자 조작으로 없앤 쥐는 정상 쥐보다 훨씬 빨리 노화가 일어났다. 과학자들은 이 점에 착안해서 텔로머라제의 기능을 억제하는 기전을 밝히려는 노력을 하고 있다.

아직까지는 텔로머라제 활성 조절의 위험성에 대해 여러

의견이 분분하다. 하지만 많은 사람들이 언젠가는 텔로머라제를 이용한 치료법이 노화를 비롯해 인간의 오랜 숙원인 생명 연장의 꿈까지 이룰 수 있게 하는 열쇠가 될 것이라는 기대감을 갖고 있다.

진화가 관심 갖는
영역은 따로 있다

진화는 생명체가 생식에 성공할 수 있도록 세포를 결정짓는 중요한 역할을 한다. 그렇기 때문에 진화가 관심을 갖고 있는 영역은 오로지 '생식'이다. 인간을 포함한 모든 생명체는 이 원리를 바탕으로 선택된다. 인체를 구성하는 세포는 수정란이 분열을 거듭하면서 만들어진다. 유전자는 배아가 성장하는 동안 켜졌다 꺼지기를 반복한다. 이 과정에서 특정 단백질이 세포에서 생성되는 시기와 장소가 결정된다.

이 세부적인 모든 과정은 생식이 가능한 성인을 만들기 위한 것이다. 그렇다면 노화 역시 진화의 메커니즘에 의해 선택되었을까?

그전에 먼저 생명체가 성장하면서 변화되는 모습과 노화현상을 정확하게 구분할 필요가 있다. 사람은 배아가 수정된 순간부터 성장한다. 그리고 태어난 이후에도 약 17년간 계속해서 성장한다. 성장에 따른 변화는 노화와 아무런 연관이 없는 것이다. 그렇다면 노화는 왜 일어날까? 노화에 대한 책임은 진화에 있다. 앞에서 언급했듯이 진화는 생식에만 관심이 있기 때문에, 생식 능력이 끝난 이후에는 관심이 사라져 버린다.

노화는 생식 과정이 끝나고 손상된 세포가 체내에 축적되면서부터 시작된다. 노화는 발달 프로그램의 한 과정이 아니며, 그렇기 때문에 노화를 촉진하는 유전자 역시 존재하지 않는다. 진화는 현명하게도 노화현상으로 인해 세포가 손상되는 것을 막는 활동을 선택했다. 하지만 이것도 생식 능력이 줄어들기 전까지만 활발하게 활동한다.

또한 진화는 생명체의 수명을 다양하게 만들었다. 19세기의 위대한 생물학자인 아우구스트 바흐만이 최초로 진화 이론을 바탕으로 노화현상을 설명하였다. 그는 자연 선택에 의해 고령자를 제거하기 위한 특정한 죽음 메커니즘이 있다고 주장했다. 그런 까닭으로 지구의 생명체 수가 유지된다는 것이다.

그는 "생명체는 생식 능력이 떨어져서 더 이상 후손을 출산하거나 양육할 힘이 사라지면 대부분 죽는다. 생명을 연장할 이유가 전혀 없기 때문이다"라고 했다. 쥐는 평균적으로 3년을 살지만 다람쥐는 약 8년을 살며, 코끼리는 20년 이상을 사는 것처럼 생명체가 각자 수명을 갖고 있는 것은 생식 능력과 관련이 있다고 그는 주장했다.

그러나 그의 이론에는 모순이 있다. 그가 예로 든 야생동물은 늙어서 죽는 경우가 거의 없기 때문이다. 자연 환경에서 동물들이 죽는 가장 큰 원인은 약탈자 때문이다. 많은 동물들의 기대수명은 보편적으로 우리가 알고 있는 것보다 길다.

후에 바이만은 자신의 이론을 부정했다. 그는 노화현상이 체세포보다 생식세포에 자원을 집중적으로 준 결과라고 했다. 그리고 노화는 생명체가 생식, 특히 생식세포를 생산하는 기관과 신체의 나머지 시간을 구별하기 위해 진화하는 것이라고 결론지었다. 다산과 수명이 밀접하게 연결되어 있는 유기체 모델을 통한 실험이 그의 이론을 뒷받침한다. 이 유기체 모델은 노화와 수명을 결정하는 물질을 연구하는 데 매우 중요한 역할을 한다. 유기체 모델에 속하는 예쁜꼬마선충은 인간 유전자의 절반을 보유하고 있다. 세포 수가 959개이며 평균적으로 25일 정도를 산다. 초파리 역시 유전자 연구에 매우 중요한 생명체이다. 초파리는 평균 30일을 산다.

대표적인 유기체 모델인 예쁜꼬마선충의 생식선의 일부를 절단하면, 생식 능력이 사라지는 대신 수명이 연장된다. 초파리도 생식 능력이 떨어질수록 암놈의 수명이 연장되는 것을 발견할 수 있었다. 과학자들은 특정한 생활 조건에 따라 노화와 수명이 예측하는 방향으로 다음 세대에게 전달된다는 것을 밝혀냈다. 초파리의 생식 능력을 인위적으로 늦추면 이 초파리는 오래 사는 초파리 알을 낳는다. 반면에 멸종 위기에 처한 동물의 후손은 이들보다 수명이 짧아진다.

또 한 가지 신기한 것은, 같은 종 사이에서도 개별적인 능력에 따라 수명이 달라진다는 사실이다. 일벌의 수명은 겨우 몇 주에 불과하지만 생식 능력을 부여받은 여왕벌은 3년을 넘게 산다. 여기서 우리가 살펴보아야 할 점은 여성의 생식 능력이다. 폐경기는 노화의 일부분이 아니라 인간 유전자 프로그램에 짜여져 있다는 사실을 기억해야 한다. 여성의 생식 능력은 장기간 지속되지만 나이를 먹으면 어느 순간 생식 능력이 사라진다. 사람마다 차이가 있지만 50세 전후로 폐경기를 겪는다. 왜 이런 현상이 나타날까? 어떤 선택적 압력이 이 독특한 인간 적응의 결과를 초래한 것일까?

일반적으로 '좋은 어머니 이론'으로 폐경기를 설명한다. 여성은 자녀를 출산하는 것도 중요하지만, 그보다 더 중요한 것은 자녀를 키우는 것이다. 출산은 특히 인간에게 매우 위험한 경험이기 때문에, 폐경기가 있음으로 인해서 위험 요인이 줄어들고 여성들은 더 오래 살 수 있으며, 아이를 양육하는 데 많은 에너지를 쏟을 수 있게 된 것이다.

또 다른 이유로는 '할머니 가설grandmother hypothesis 이론'이 있다. 폐경기가 오고 배란이 멈춘 여성들은 출산의 고통에서 자유로워지기 때문에 가족에게 신경을 쓸 시간이 넉넉하게 주어진다. 아직까지 현대 문명을 받아들이지 않은 아프리카의 부족 사회를 보면 조부모가 유아의 생존에 매우 중요한 역할을 한다는 연구 결과가 있다. 폐경기는 암에 걸릴 확률을 줄일 수 있지만 반면에 심장질환이나 골다공증의 위험성을 가중시키기도 한다.

우리는 지금까지 노화가 왜 일어나는지에 대해서 알아보았다. 노화에 대한 수많은 연구들이 세포를 토대로 이뤄지고 있으며 상당히 눈에 띄는 성과를 올리고 있다. 하지만 아직까지도 시간이 지나면서 세포가 어떻게 손상되는지를 이해하기 위해서는 부족한 부분이 많다. 우리가 가장 절실하게 알고 싶은 것은 손상된 세포를 재생하는 방법일 것이다.

노화와 관련된 환경 인자들 중에서 영양은 중요한 역할을 한다. 지나친 영양 섭취의 결과, 선진국에는 제 2형 당뇨병 환자가 급증했으며 이것은 노화 과정에 영향을 주는 환경 인자들이 발현한 것이다. 단순한 생명체에서 설치류나 영장류에 이르기까지 일관적으로 노화를 늦추는 환경 인자는 칼로리 제한뿐이다.

효모와 초파리, 선충을 관찰한 결과, 세포의 노화를 억제하는 효과가 있다고 알려진 시르투인Sirtuin이라는 단백질이 있다.

칼로리 제한과 열과 같은 가벼운 스트레스 요인들에 노출되면 수명을 증가시키는 적응 반응을 유도할 수 있다. 예를들면 장수하는 선충의 인슐린 신호 돌연변이는 열과 산화 스트레스에 더 저항한다. 호르메시스^{hormesis}는 스트레스 영향을 나타내는 용어로, 스트레스가 낮은 단계에서는 유익하지만 높은 단계에서는 해가 된다는 것이다. 호르메시스가 수명 연장에 영향력을 미칠 수 있을까? 대답은 확실히 "예"이다. 예를 들면, 선충에게 저항할 수 있을 정도의 열 스트레스를 준다면, 선충의 수명은 확실히 연장될 것이다. 호메르시스 연구로 떠오른 한 가지 가능성은 칼로리 제한이나 인슐린 신호 경로에 생긴 돌연변이로 인한 수명 연장이다.

이처럼 수명 연장은 다양한 스트레스 요인에 대한 저항력과 어느 정도 관련이 있다. 예를 들어 운동을 하면서 생성되는 생리학적 스트레스는 근력 발달과 심폐 기능을 향상시키는 최적점이 있다. 하지만 지나친 운동은 관절염의 원인이 되는 관절의 연골 소모와 같이 해로운 영향을 끼칠지도 모른다. 또 다른 가능성은 술이다. 술을 아예 안 마시는 사람에 비해서 적당한 음주를 즐기는 사람의 사망률이 낮으며 특히 관상동맥 심장 질환의 위험이 낮다. 하지만 이것이 스트레스 반응인 호르메시스와 연관이 있는지는 알려지지 않았다. 스트레스와 노화와의 메커니즘은 앞으로 꾸준히 연구될 분야이기도 하다.

노화 연구의 선두적인 과학자인 탐 커트우드 교수는 나와 만난 자리에서 이렇게 말했다.

"기대수명 연장은 인류가 이룬 위대한 성공 중 하나이다. 우리는 지난 200년 동안 수명을 두 배로 연장했으며, 그 200년 중에서 150년은 전염병을 없애고 위생시설과 백신 발명 등의 진보를 거둠으로써 사람들이 젊은 시절에 죽는 것을 예방했다. 그런데 놀랍게도 사람들은 이제 죽을 때까지 늙지 않기를 원한다. 참으로 이상한 일이다. 더 이상 바랄 게 없을 거라고 생각했는데 말이다."

우리는 그의 말을 깊이 생각해볼 필요가 있다.

5장

그들과 우리들의 삶

L I V I N G

"노년은 즐겁다. 젊어서 느끼는 즐거움과는 다르지만
젊을 때보다 덜하지는 않다."
- 서머싯 몸 W. Somerset Maugham

노년, 우아하게 나이 먹는
연습을 할 나이

고대 그리스 서정시인 아나크레온 Anacreon은
노년을 유쾌한 어조로 노래했다.

나는 종종 여성들이 하는 말을 듣는다
불쌍한 아나크레온! 당신 너무 늙었군요.
보세요, 당신의 머리카락이 빠지고 있는 꼴 좀…
가여운 아나크레온, 머리카락이 마구 빠져요!
마지막으로 다가올 시련을 현명하게 이겨내시길
내가 늙든지 아니든지

늙음이 주는 영향을 나는 모른다
하지만 나는 알고 있다, 듣지 않아도.
늙어도 살아야 함을
이제는 누릴 수 있는 즐거움이 사라져 가는 시간임을…
최선을 다해 살 수 있는 삶도 얼마 남지 않았다.

우리는 행복한 노년을 준비하기 위해 청년 시절부터 서서히 준비를 해야 한다는 사실을 알고 있다. 특히 재정적인 안정과 건강한 신체는 행복한 노년을 위한 필수 조건이다. 그런데 우리는 지금 어떻게 살고 있는가? 노년을 행복하게 살기 위한 준비가 되어 있는가? 이것은 반드시 생각해보아야 할 중요한 질문이다.

현재 영국에는 1천만 명의 노인이 살고 있다. 많은 사람들은 10년 후에 이 수가 두 배로 늘어날 것이라고 예측한다. 하지만 무조건 절망적으로 생각할 필요는 없다. 일본의 작가 이르마 쿠르츠Imma Kurtz는 《시간에 대하여 : 우아하게 늙어가기》라는 책에서 노년의 삶에 대해 이렇게 묘사했다.

"나와 같은 세대를 산 사람들이 서로 대화를 나누면서 대형수송차(기억상자)에서 화물(기억)을 내리는 방법을 보고서는 여러 번 충격을 받았다. 왜냐하면 우리는 나이를 먹으면서 자아를 형성했던 유년 시절로 천천히 돌아가고 있었기 때문이다. 늙음은 우리를 세상과 분리시키지만 우리에게 본래의 자아를 돌려준다."

일부 연구원들은 노화의 심리적인 양상을 제3기와 제4기로 구별해서 본다. 제3기, 즉 65세에 속하는 은퇴자들은 비교적 건강하며 사회 활동을 활발하게 한다. 일반적으로 이 시기에 성공과 성취를 맛본다. 반면에 제4기인 85세 이상의 사람들은 노년의 부정적인 특징들인 신체 능력 저하를 비롯하여 행복감 상실, 타인에 대한 심리적 의존, 기억력 감퇴, 판단력 저하 등을 경험한다. 신체 기능 저하와 정신의 쇠퇴는 사람들이 가장 두려워하는 것이기도 하다.

그러나 요즘은 노인들의 사회 활동이 활발해지고 있는 추세이다. 새로운 취미생활을 즐기고 종교활동에 적극적이다. 신앙생활은 이들에게 삶의 목적의식, 자기 통제, 자존감을 심어주며 스트레스 해소를 위한 통로 역할을 한다. 봉사활동을 하는 사람들도 많아졌다. 고령자들은 젊을 때에 미처 몰랐던 삶의 여유로움을 느낀다. 실제로 미국의 설문조사기관이 조사한 바에 의하면 65세 이상의 응답자 중 7명이 가족과 보내는 시간이 많아졌으며, 10명 중 6명은 젊은 시절보다 스트레스를 덜 받는다고 대답했다.

또한 청년 시기에 지적 수준이 높다고 해서 나이가 들었을 때 행복감이 더해지는 것은 아니다. 오히려 긍정적인 사고를 하는 사람이 훨씬 더 건강한 편이다. 또한 자신이 실제 나이보다 젊다고 생각하는 사람이 반대로 생각하는 사람들보다 훨씬 건강하다. 물론 이와 같은 현상을 보면서 나이에 대한 태도가 먼저인지 건강이 먼저인지는 좀더 심도 깊은 조사가 필요할 것이다.

노년, 새로운 즐거움이 시작되는 나이

　　　　　앞에서 언급했던 것처럼 세대별로 노년이 시작되는 나이에 대한 생각의 차이가 있다. 30대는 68세부터 노인으로 구분해야 한다고 생각했지만, 60세가 넘은 노년층은 75세부터가 노인이라고 생각한다. 반면에 75세 이상의 노인들은 자신이 늙었다고 생각하지 않는다.

　물론 노화를 받아들이는 사람들의 태도 역시 제각기 다르다. 어떤 사람은 젊은이들에게 존경받지 못할까 봐 걱정한다. 다른 사람은 나이가 드니깐 더 이상 착한 척하지 않아도 된다는 사실에 기뻐한다. 나이를 먹은 걸 한탄하기도 하고, 반대로 자랑스럽게 여기는 사람도 있다.

　내가 아는 한 노년층은 영리하다. 그들은 (나를 포함한) 자신의 기분을 조절하는 방법을 알고 있고, 또한 기분 좋은 일만 기억하는 현명함을 갖고 있다.

그들은 나이에 연연하지 않으며 죽는 날까지 보람된 삶을 살기 위해 노력을 멈추지 않는다. 이탈리아의 현악기 장인 안토니오 스트라디바리는 90세가 되었을 때 세상에서 가장 유명한 바이올린을 두 개나 제작했다. 음악가 베르디는 80대에 오페라 팔르타프Falstaff를 완성했다.

나이가 들수록 젊을 때보다 일상생활에서 겪는 스트레스가 줄어든다. 부부싸움의 횟수가 적어지고, 직장에서 업무과중으로 스트레스를 받을 일이 없어지기 때문이다. 나는 10년 전부터 〈가디언Guardian〉지에 '겨우 일흔일 뿐'이란 제목의 칼럼을 쓰기 시작한 영국의 방송인 조안 베이크웰을 만났다. 올해 80세가 넘은 그녀는 나에게 이렇게 말했다.

"내 나이가 일흔 살이 되었을 때 무언가를 새로 시작해야겠다는 생각이 들었어요. 그때 칼럼을 쓰는 일이 들어왔어요. 나는 칼럼에 더 이상 하이힐을 신지 못하는 노인 여성이 사회에서 어떻게 소외감을 느끼는지에 대해서 썼어요. 여성들은 나이가 들면 보기 민망할 정도로 촌스러운 옷을 입어요. 나는 그녀들이 낡은 옷을 벗어 던지고 새로운 인생을 살기를 원해요. 하지만 남편과 자식이 모두 곁을 떠나고 연금만으로 생활하기에는 넉넉하지 않아요. 또한 친구들이 세상을 뜬다는 것도 받아들이기 힘든 현실이지요.

하지만 나는 이제부터 젊은 친구들을 사귈 거에요. 새로운 우정은 노년의 축복이라고 생각해요. 나는 아흔 살이 넘어서도 친구를 사귀는 걸 멈추지 않을 생각이에요. 일도 꾸준히 하고 여행도 다닐 거예요. 또 잠든 뒤에 영원히 눈을 뜨지 못하는 상황을 대비해서 미리 유언장을 작성해 놨어요."

실제로 그녀는 여전히 탭댄스 학원을 다니며 즐거운 생활을 즐기고 있다. 하지만 노년이 모든 노인들에게 좋은 것은 아니다. 나는 노벨 문학상을 수상한 소설가 도리스 레싱^{Doris} ^{Lessing}을 만났다. 그녀는 올해 91세이다. 그녀는 자신의 노년의 삶이 매우 끔찍하다고 생각하고 있었다.

"화가 나서 견딜 수가 없어. 건강도 예전 같지 않아서 정원을 손질하러 나가지도 못해. 1년 전부터 늙어서 좋을 게 하나도 없다는 생각이 들기 시작했어. 모든 것을 잃어가고 있지. 화내기 싫은데도 화밖에 안 난다네. 내 아들도 건강이 안 좋아. 눈곱만큼도 오래 살고 싶지 않아. 늙을수록 무기력해질 뿐이지. 이제는 더 이상 글을 쓰지도 못해."

소비 시장이 변화하고 있다. 과거에는 기업과 광고 회사의 주요 타깃이 젊은이들이었다. 새로운 트렌드는 젊은이들만 누릴 수 있는 특권이었다. 그들은 시대의 흐름을 주도하였으며, 순식간에 바꾸기도 했다. 하지만 시장이 달라지고 있다. 노년층을 위한 상품이 쏟아지고, 매스컴에는 그들을 위한 광고가 넘쳐난다. 최근 연구에 따르면 65세부터 74세의 소비가 중년층보다 훨씬 많다고 한다.

또한 정치 참여율도 높아졌다. 노인들 중 3분의 2가 투표에 참여하기 때문에 정치인들은 노인의 표심을 잡는 것이 가장 중요한 과제가 되었다. 또한 노년층은 나이가 들었어도 배움에 대한 열정은 젊은이들 못지않다. 대학에서 평생교육원 회원을 모집하면 기간 안에 전부 마감이 된다. 평생교육원에서는 컴퓨터를 비롯해 미술, 음악, 역사, 철학, 사진 촬영 등 다양한 학과를 개설해서 선택의 폭을 넓히고 있다. 그들은 이곳에서 배움으로 인한 순수한 즐거움을 얻고 있다.

반면에 인터넷을 사용하는 65세 이상의 노인은 겨우 30퍼센트에 불과하다. 노인들은 컴퓨터와 인터넷으로부터 확실히 배제되어 있다. 큰 전원버튼과 읽기 간편한 메뉴 기능을 갖춘 노인용 PC가 나오고 있기는 하지만 보급률은 높지 않다. 게다가 노인들이 컴퓨터 게임에 빠지면 운동과 같은 더 유용한 활동에 참여하는 횟수가 줄어들기 때문에 건강에 해로울 수 있다. 65~74세의 노인들 중 겨우 20퍼센트와 75세 이상의 노인들 중 7퍼센트만이 1주일에 5번씩, 한번에 30분 운동을 한다.

노년에 누릴 수 있는 가장 위대한 즐거움은 후손이 생긴다는 것이다. 어린 손자 손녀를 돌보는 일은 노인들에게 커다란 기쁨이다. 은퇴를 해서 시간이 많은 노인들이 일을 해야 하는

고령자의 컴퓨터 보급률은 매우 낮은 편이지만, 정보화 시대에 발맞추어 컴퓨터와 인터넷을 배우려는 사람들의 의지는 매우 강한 편이다.

자녀 대신 그들의 자녀를 돌보고 있다.

하지만 조부모의 양육 문제는 사회적으로 문제가 되기도 한다. 그들 스스로의 체력과 건강에도 무리가 있지만, 조부모 손에서 자란 아이는 행동, 인지 발달에 문제가 있다고 한다. 차라리 손자 손녀를 양육하는 것보다 반려동물을 키우는 것이 훨씬 이득이 많을 것이다.

의사와 사회복지사들은 독거노인들에게 반려동물을 키우기를 제안한다. 동물과 교감을 하는 사람들이 그렇지 않은 사람들보다 혈압이 낮고 심리적으로 안정감을 느낀다는 연구 결과가 있다. 또한 스킨십은 편안함을 느끼게 하며 이를 통해 자신감을 회복할 수 있다. 반려동물과 산책을 하면서 운동을 하고 이웃과 교류를 할 수 있다는 이점도 있다. 반려동물은 나이 든 사람들의 자극제가 되어 줄 것이다.

한 조사기관에서 노인들에게 과거로 돌아갈 수 있다면 인생에서 바꾸고 싶은 것이 무엇이냐고 질문했다. 3위가 다른 사람과 결혼을 하고 싶다는 것이고, 2위가 저축을 더 많이 하겠다는 대답이었다. 그리고 1위가 성관계를 더 많이 맺겠다는 것이었다. 나이를 먹을 수록 성적 능력이 감소한다는 것은 잘못된 이야기이다. 실제로 많은 사람들이 노년에도 건강한 성생활을 즐기고 있다.

은퇴 이후에는
어떤 삶을 살아야 할까?

40대는 은퇴 이후의 삶을 서서히 준비해야 하는 나이이다. 이 시기의 사람들에게 은퇴 후에 무엇을 할 것이냐고 물어보면 거의 80퍼센트의 사람들이 공기 좋은 시골로 내려가서 한가로운 생활을 하겠다고 대답한다. 그러나 조사 결과 도시에 살고 있는 노년층의 삶에 대한 만족도가 훨씬 높은 것으로 나타났다. 이것은 시골과 같은 소도시에서 노인을 위한 재정적인 지원이 대도시에 비해 터무니없이 적기 때문이다.

시골에 살면 유선 교통이 불편하다. 은행이나 마트를 가려면 길게는 몇 시간씩 걸리는 거리를 가야 한다. 접근성이 떨어져서 부부가 단둘이 지내는 시간, 혼자 지내는 시간이 자연스레 많아진다.

일본은 전체 인구의 5분의 1이 65세 이상 노년층일 정도로 고령화가 진행된 국가이다. 현실이 이렇기 때문에 일본 정부는 노인을 위한 여러 가지 복지 정책을 시행하고 있다. 오로지 노인을 위한 거리에는 턱이나 장애물을 전부 없애 휠체어나 보행기로 쉽게 이동할 수 있도록 했다. 상점은 가게 문을 개방하고 진열대의 높이를 낮게 설계해서 노인 고객층의 편의를 고려했다. 또한 노인 전용 자동차가 나오고, 시력이 안 좋은 노인을 위한 전화기, 텔레비전 리모컨이 발명되었다. 심지어 노인을 위한 포르노영화도 있다. 일본 정부는 노년층의 일자리 창출을 위해 여러 방안을 내놓고 있다.

고령화 사회로 진입하면서 전 세계적으로 문제가 되는 것이 바로 퇴직 연령이다. 퇴직이나 은퇴는 20세기에 인류의 수명이 연장되면서 생긴 말이다. 이전에는 일을 하는 시기와 수명이 동일한 의미였다. 사람들은 죽기 직전까지 일을 하는 것을 당연하게 생각했다. 그러나 산업이 발전하고 기대수명이 늘어나면서 퇴직 이후의 삶을 걱정해야 하는 시기가 온 것이다. 일반적으로 퇴직 연령은 50대 중반부터 60대 초반까지이다. 하지만 퇴직을 앞둔 대부분의 사람들은 자신이 더 일을 할 수 있다고 생각하고 또 일을 하기를 원한다. 재정적인 문제가 걸려 있기도 하지만 실제로 그들은 대부분 건강하다. 이들을 위해 전 세계적으로 연금제도에 대한 다양한 아이디어가 나오고 있다.

영국의 경우, 1908년에 노령연금법을 제정했다. 이것은 자산을 바탕으로 70세 이상의 노인에게 주당 10파운드에서 25파운드의 보조금을 지급하는 것이다. 그리고 1925년에는 노령갹출연금법을 제정했다. 이는 육체 노동자나 연소득이 250파운드 미만인 노동자에게 연금을 지급하는 것이다. 1946년에 재정된 국민보험법은 모든 사람에게 일률적으로 적용하는 기여형 식연금을 도입하였다. 일반적으로 남성은 44년, 여성은 39년 이상 일을 했을 경우에 고정금액을 지급받는 것이다. 근무 기간이 짧을수록 수령할 수 있는 금액이 줄어든다.

그런데 2004년 영국정부연금위원회에서 발표한 첫 번째 보고서에 따르면 이 연금법이 직면하고 있는 문제점이 점차 윤곽을 드러내고 있다. 인류의 수명은 늘어났지만 노동 기간은 그대로이기 때문에 고령자에게 지급되는 금액이 적어지는 것이다. 정부에서 이것을 소화하기 위해서는 세금을 올리거나 노동 기간을 늘리는 수밖에 없다. 그러지 않으면 많은 고령자들이 노년에 가난한 삶을 살아야 할 것이다.

그럼에도 불구하고 많은 사람들이 퇴직하기를 원한다. 하지만 퇴직을 한 사람들 대부분은 후회한다. 경제적인 문제가 걸려 있기도 하지만, 삶에서 커다란 부분을 차지하던 것이 사라지면서 상실감을 겪기 때문이다. 그래서 퇴직은 우울증의 원인이 되기도 한다.

최근 영국 정부는 2010년부터 공무원 정년제를 폐지했고, 2011년 10월부터는 정년제를 전면 폐지하기로 결정했다. 아마도 젊은이들은 퇴직 연령이 증가하면 자신들이 설 자리가 없어질 것이라는 생각에 들 것이다. 그런데 영국에는 고령평등연령규제법이 있다. 이것은 65세가 넘은 근로자에게 계속 일할 수 있는 권리를 부여했지만, 동시에 고용주가 근로자를 거부할 수 있도록 법적으로 정한 것이다. 매년 약 2만 5천 명의 근로자들이 강제퇴직을 당한다.

그런데 혼달효과Horndal effect라는 것이 있다. 이것은 몇 년 전 스웨덴의 한 철강공장이 오랫동안 추가 투자를 하지 않았음에도 불구하고 생산량이 15퍼센트 증가한 데서 유래한 용어이다. 이것은 고령의 근로자들의 생산 능력이 얼마나 유능한지를 보여준다.

근로 문제뿐만 아니라 고령화 사회가 진행되면서 전 세계는 수많은 문제에 직면하고 있다. 그중에서 고령의 부모를 부양하는 문제는 매우 심각한 상태이다. 가족구성원의 수가 줄어들면서 젊은이들이 고령자를 부양해야 할 책임감이 막중해졌다. 또한 젊은이들이 집을 떠나면서 혼자 살고 있는 노인들의 수도 늘어났다. 이들의 생계를 책임지기 위해 영국 정부는 연간 6억 7천만 파운드를 쓰고 있다고 한다. 이 비용이 어디에서 나오겠는가? 현재 노동 시장을 차지하고 있는 젊은이들의 세금에서 나오는 것이다.

살아 있는 동안
젊음을 유지할 권리

우리는 영원히 살 수 없다는 것을 이미 잘 알고 있다. 그렇다면 적어도 살아 있는 동안 젊음을 유지할 방법도 없을까? 나이 든 사람들이 아마 노화현상 중에서 가장 참을 수 없는 것이 외모의 변화일 것이다. 탱탱했던 피부는 푸석해지고 주름이 생기며, 숱이 많았던 검은 머리는 흰머리가 되거나 빠진다. 잘록했던 허리는 두툼해지고 허리는 점점 굽어가고 얼굴과 손에는 검버섯이 생긴다. 아무리 운동을 열심히 하고 좋은 것만 먹으려고 노력해도 외모가 변하는 것을 멈출 방법이 없다.

젊음을 유지하기 위해서라면 우리는 무엇이든 할 수 있을 것 같다. 이렇게 노화현상을 감추고 회복시키고 싶어 하는 강

박관념은 현대인만 갖고 있는 것이 아니다. 고대 이집트인들은 주름을 감추기 위해 짙은 화장을 했고, 꿀과 약초로 만든 노화방지치료제를 발랐다. 그중에서 알로에는 없어서 안 되는 식물이다. 아름다움의 상징으로 일컬어지는 클레오파트라는 우유를 발효시켜서 그것으로 목욕을 했다고 한다. 우유가 발효되면서 생긴 성분이 피부를 하얗고 아름답게 만들어 준다고 믿었기 때문이다.

사람들은 청춘이 지나가고 노년이 오는 것을 안타깝게 여겼다. 기원전 600년에 쓰인 《이솝우화》에는 중년의 남자와 두 명의 애인이 등장하는 이야기가 나온다. 머리가 희끗희끗하게 세기 시작한 중년 남자에게는 두 명의 애인이 있었다. 한 애인은 나이가 많았고, 다른 애인은 그보다 어렸다. 나이가 많은 여성은 애인이 자신보다 젊어 보이는 게 싫었다. 그래서 애인을 만날 때마다 검은 머리를 뽑았다. 반면에 어린 애인은 애인이 늙어 보이는 것이 싫어서 기회가 있을 때마다 흰 머리카락을 뽑았다. 몇 달이 지나자 결국 남자의 머리카락이 한 올도 남지 않았다고 한다. 과거나 현재나 나이가 들어 보이는 것을 수치스럽게 여긴 것을 극명하게 보여주는 이야기이다.

미국에서 18세 이상의 성인 남녀 2천 명에게 성형수술과 노화에 대해 설문조사를 했다. 대부분의 사람들은 나이에 맞는 외모가 아름답게 느껴지며, 겉모습보다는 내면의 아름다움이 더 중요하다고 생각한다고 밝혔다. 특히 나이 든 사람들이 이를 더욱 중요하게 여기는 것으로 나타났다. 이들 중에서 3분의 1 정도만 신체의 아름다움을 중요하게 여겼다.

그런데 놀랍게도 미국에서 2008년 한 해에만 약 1천만 건 이상의 성형 수술이 시행되었다는 조사 결과가 나왔다. 비용은 대략 118억 달러 이상이 들었다. 더욱 놀라운 것은 54~61세에 해당하는 사람들이 전체 수술 환자의 4분의1을 차지한다는 것이었다.

젊어 보이기 위해
우리가 하고 있는 노력

현재 화장품과 미용 부분의 세계 시장 규모는 거의 570억 달러로 추산되며, 꾸준히 빠른 속도로 성장하고 있다. 영국의 미용 산업은 지난 5년에 비해 3배 정도 성장했다. 그 중에서도 안티에이징 제품과 시술 시장은 특히 높은 성장률을 보이고 있다. 영국인들은 성형을 비롯한 피부 관리 비용으로 연간 약 5억 파운드를 소비한다.

2009년 초반에 〈타임Times〉지에서 흥미로운 기사를 실었다. 현재 중년 세대들이 보이고 있는 성형 수술 관련 세태를 꼬집은 것이다. 〈타임〉지는 '영원불면인류'라는 신조어를 만들어서 이들을 '죽을 때까지 늙지 않고 사는 사람'이라고 풍자했다. 여기서 말하는 영원불멸인류는 죽음을 두려워하지 않으며, 단지 받아들이지 않는 신인류를 의미한다.

한 미용전문잡지에서 설문조사를 한 결과 50대 중반의 45퍼센트가 크리스마스에 가장 받고 싶은 선물이 보톡스 시술이라고 대답했다. 이처럼 미용을 목적으로 한 성형 시술과 수술의 인기는 해마다 상승하고 있다. 영국에서 시행된 성형 수술은 2003년에는 1만 700건에 불과했지만 2009년에는 3만 6천 482건으로 3배 가량 증가했다. 가장 큰 성장세를 보인 연령대는 중년과 중년 후반에 있는 사람들이다. 그들이 가장 많이 하는 수술은 가슴 확대, 지방 흡입, 쌍꺼풀 수술과 같은 미용 성형이다.

그들이 성형 수술을 통해 기대하는 보상은 신체적인 부분뿐만 아니라 정신적인 것도 있을 것이다. 성형 수술이 갖고 있는 긍정적인 부분이 적지 않다. 많은 이들이 수술을 통해 얼굴이 아름답게 바뀌면서 자신감이 생겨서 제2의 삶을 시작했다고 고백한다.

그러나 부작용 또한 적지 않다. 모든 수술이 원하는 결과를 가져오는 것은 아니기 때문이다. 한 예로 미국의 영화배우 조슬린 와이든스타인이 있다. 알려진 바에 의하면 그녀는 오로지 고양이만 좋아하는 남편에게 사랑을 받기 위해서 고양이를 닮은 모습으로 성형 수술을 했다. 그 수술에 들어간 비용이 자그마치 4백만 달러 이상이라고 한다.

하지만 그녀의 얼굴은 점점 흉측하게 일그러졌고, '프랑켄슈타인의 신부'라는 수치스러운 별명이 붙었다. 그녀의 모습에 질린 남편이 "조슬린은 얼굴을 마치 집수리하듯이 수리할 수 있다고 생각하는 것 같다"고 말해 화제가 되었다. 두 사람은 끝내 이혼을 했다.

요즘은 위험성이 큰 성형 수술 대신에 보톡스 주사가 인기를 끌고 있다. 보톡스는 주름을 제거하고 얼굴에 탄력을 주는 시술로 세계적으로 큰 인기를 끌고 있다. 이 보톡스 치료법은 원래 눈 근육 경련 치료제로 1990년 FDA에 의해 승인을 받았다. 보톡스는 박테리아 클로스리듐 보톨리누스균이 생성하는 보툴륨 독소에 승인된 상표 이름이다. 이것을 경련이 일어나는 부위에 극소량을 주입하면 근육을 활성화시키는 신경이 차단되어서 경련이 멈추는 것이다. 이 신경이 근육을 반복적으로 움직이게 만들어 잔주름과 주름을 생성한다는 데에서 고안을 해, 얼굴의 주름을 제거하는 목적으로

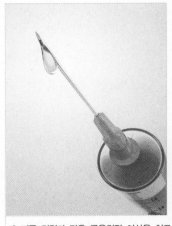

눈꺼풀 경련과 같은 근육긴장 이상을 치료하는 약제에서 주름 제거술과 안면 윤곽술 등의 미용 목적으로 널리 사용되고 있다.

사용되기 시작했다. 원래 이 치료는 65세 미만에게만 사용할
수 있도록 규정되어 있다. 하지만 현재 이것은 남녀노소를 막
론하고 미용 성형을 목적으로 무분별하게 사용되고 있다. 그
러나 잘못 시술을 할 경우 얼굴이 일그러진 것처럼 보이거나,
두통이 생기는 등 부작용도 만만치 않다.

이와 같은 보톡스와 성형 수술 이외에도 젊어 보이기 위한
인간의 노력은 참으로 다양하다. 건강과 젊음을 유지하려는
노력이 어느 정도는 좋은 점도 있지만, 다른 한편으로는 지나
치게 외모중심적인 사회로 가는 것 같아 염려스럽다. 텔레비
전에는 젊음을 유지시켜준다거나 혹은 젊은 시절로 돌아가게
해 준다며 미모의 모델을 앞세운 화장품 광고가 넘쳐 난다.
사람들은 성분도 모르는 화학제품을 모델처럼 아름다워질 것
이라 맹신하며 얼굴에 바르는 것이다.

백화점과 약국에는 수많은 종류의 주름개선크림과 로션이
여성들을 유혹한다. 이것들은 하나같이 눈가의 주름을 완벽
하게 제거하고 자외선으로부터 피부를 보호하거나, 손상된
피부를 회복시켜 줄 것이라며 소비자의 지갑을 열게 한다. 하
지만 정말로 이 제품들이 효과가 있을까? 영국의 한 미용전
문잡지가 효능을 시험해 보기로 했다.

시중에 나와 있는 수분크림과 주름방지크림 12가지를 골라
서 96명의 여성들에게 두 제품을 종류별로 나눠주고 4주 동

안 써보기로 했다. 물론 브랜드명과 크림의 종류는 알려주지 않는, 일종의 블라인드 테스트였다. 4주 뒤에 실험 참가자들에게 그동안 자신이 어떤 제품을 썼는지 알아맞히도록 했다. 실험참가자의 4분의 3이 자신이 쓴 크림을 수분크림이라고 답했다. 그리고 이들은 크림을 발라도 피부의 상태나 주름이 개선되었다는 느낌을 받지 못했다고 밝혔다. 또한 주름방지 크림을 사용한 48명 중에서 단 10명만이 피부가 개선되었다고 했다.

화장품 연구원들은 일부 안티에이징 제품에는 실제로 노화방지 성분이 첨가되었다고 했다. 하지만 크림에 함유된 낮은 농도로는 피부에 수분을 공급하는 것 이상의 효과를 기대하기 어려울 것이라고 덧붙였다.

가장 큰 문제는 노화방지 제품에 대한 정부 규제가 너무 가볍다는 것이다. 노화방지 제품은 다른 의약품과 다르게 분류되어 있기 때문에 엄격한 심사를 거치지 않고 있으며, 의사들은 마음 놓고 노화방지 제품을 처방할 수 있어서 과잉처방이 빈번하게 발생하고 있다. 이와 같은 노화방지 제품의 잠재적인 위험성을 정부차원에서 검토해야 할 필요가 있다.

진정한 아름다움은
어디에?

대다수의 사람들은 진정한 아름다움이 겉모습에 있는 것이 아니라 내면에 존재한다고 확신한다. 그리고 성형 수술보다 건강한 생활 습관이 훨씬 젊어보이게 한다고 믿고 있다. 반면에 나이보다 젊어 보이게 하려는 노력을 멈추지 않는다. 젊고 아름답게 보이고 싶은 마음은 시대를 막론하고 모든 인간의 내면에 잠재되어 있는 욕망인가?

영국의 유명한 소설가 오스카 와일드Oscar Wilde는 장편 소설 《도리언 그레이의 초상The Picture of Dorian gray》에서 나이 드는 것에 대한 인간의 치명적인 두려움을 실감나게 묘사했다. 주인공 도리언은 세련되고 부유하며 잘생긴 청년이다. 어느 날 그는

오스카 와일드는 《도리언 그레이의 초상》에서 나이 드는 것에 대한 치명적인 두려움을 생동감 있게 묘사했다.

자신의 젊고 매력적인 모습을 담은 초상화를 그렸다. 하지만 시간이 갈수록 초상화를 저주하기 시작했다. 왜냐하면 나이가 들수록 자신의 외모는 틀림없이 흉측하게 변할 것이 분명한데, 초상화는 청년의 모습을 그대로 간직할 것이라 생각하니 화가 나서 견딜 수 없었기 때문이다.

그는 고민 끝에 자신에게 영원한 젊음을 허락한다면 영혼을 걸겠다고 신에게 맹세한다. 신은 그의 요청을 받아들인다. 그는 늙지 않았지만 반면에 초상화 속 그의 모습이 변하기 시작한다. 그러다가 그가 죽음을 맞이했을 때 비로소 초상화는 젊고 매력적이던 모습으로 바뀌기 시작한다. 그리고 그의 시체는 주름과 검버섯으로 뒤덮인다. 이 책에서 전하는 인상적인 구절이 있다.

"노년의 비극은 늙었다는 것이 아니라, 이전의 젊음을 기억한다는 것이다."

영국의 일간지 〈이브닝 스탠다드*Evening standard*〉에서 얼마 전 여성들이 10년을 더 젊게 보일 수 있는 열 가지 팁을 제시했다. 이 팁은 다음과 같다.

1. 매일 밤 젖은 수건으로 얼굴의 죽은 세포를 제거하라.
2. 주사로 얼굴의 볼륨을 채워라.
3. 깊이 파인 주름은 보톡스 시술로 제거하라.

4. 매일 잊지 말고 선크림을 발라라.

5. 밤에는 값비싼 안티에이징 크림을 발라라.

6. 외출할 때에는 가벼운 톤의 컨실러를 발라서 피부톤을 깨 끗하게 정리하라.

7. 가끔은 전문가의 메이크업을 받아라.

8. 헤어스타일을 항상 체크하라.

9. 속눈썹을 다듬어라.

10. 치아가 보기 좋은 색인지 확인하라.

이 열 가지 항목을 잊지 않고 꾸준히 하기를 제안한다. 이렇 게 젊어 보이기 위해 많은 시간을 투자해야 한다면 인생의 다 른 즐거움을 위해 남겨진 시간은 얼마나 될 것인가?

몇 년 전부터 웰빙well-being이라는 단어가 인기를 끌었다. 웰 빙은 잘 먹고 잘 사는 것을 의미한다. 이제는 나이를 잘 먹는 웰에이징well-aging이 화두가 되고 있다. 건강하고 멋지게 나이 드는 것, 웰에이징의 모습이다. 늙는 것을 자연스럽게 받아들 이는 웰에이징은 안티에이징anti-aging과 반대되는 개념이다. 안 티에이징은 노화를 죽음에 이르는 과정으로 생각하며 부정적 으로 받아들이는 것이다. 이 단어에는 노인을 무기력하고 쓸 모없는 존재라는 의미가 담겨 있다. 또한 나이는 들었어도 육 체적으로는 아직 괜찮은 사람이라는 것을 증명하기 위해 보톡스, 줄기세포 치료를 지속적으로 받는다. 하지만 웰에이징은 자신이 살아 있다는 것을 감사하게 생각하며, 노화를 자연스럽게 받아들이는 것을 말한다. 살아오면서 축적된 지혜와 경험을 삶에 반영하고 활용하는 것이다. 웰에이징을 표방하는 사람들은 오래 사는 것이 목표가 아니라 건강하고 행복하게 잘 사는 것이 목표이다.

품위 있고 건강하게 늙고 싶은 마음은 누구나 갖고 있는 소망이다. 그러기 위해서는 신체적인 건강과 정신적인 건강을 균형 있게 유지하는 것이 중요하다. 자신이 지금 자신의 나이에 맞게 잘 살고 있다는 자신감이 웰에이징한 삶을 사는 가장 중요한 요소라는 것을 항상 기억하라.

6장
죽음의 속도 늦추기

T R E A T I N G

"오래 될 수록 가장 좋은 것이 네 가지가 있다.
오래 된 장작은 가장 잘 타고,
오래 숙성시킨 와인은 마시기에 가장 좋고
오래 사귀어 온 친구는 가장 믿을만하고
오래 산 작가가 쓴 책이 읽기에 가장 편하다."
- 프랜시스 베이컨Francis Bacon

노년의 진짜 아름다움은
내면에 있다

역사 속에 등장하는 노인이 보편적으로 어떤 모습을 하고 있는지 생각해본 적 있는가? 문학 작품이나 예술 작품에서는 어떻게 묘사되어 있을까? 우선 분명한 점은 인류 문명은 나이 든 사람을 좋아하지 않았다는 것이다. 일단 생식 능력이 없거나, 후손을 돌볼 능력이 없으면 관심 밖으로 밀려났다. 그래서일까? 문화마다 노인을 대하는 방식에는 차이가 있다. 심지어 하나의 사회에서조차 노인은 분명하게 정의된 범주에 속하지 못하며 개인마다 노인을 대하는 태도도 차이가 있다.

최근 들어 수명, 퇴직 연령, 근로 기간이 늘어나면서 노화와 노인에 대한 인식이 달라지고 있다. 많은 사람들이 생활 습관의 변화와 지속적인 관리로 노화현상을 일정 부분 지연시킬 수 있으며, 오랫 동안 젊음을 유지할 수 있다고 믿고 있다. 그러나 여전히 나이 든 사람에 대한 부정적인 생각, 태도, 행동 등은 사회적인 문제가 되고 있다. 사람들이 노년을 대하는 무의식적인 차별의 심리적인 이유와 사회에 미치는 영향을 연구해 온 예일대학의 베카 레비Becca Kevy 교수는 노년에 대한 노인들의 인식이 건강과 인지능력에 미치는 영향을 집중적으로 연구했다. 그리고 그는 대부분의 노인들이 노년을 부정적으로 생각하는 경향이 있다는 것을 알게 되었다. 솔직히 젊은이에 비해 노인들은 신체적인 매력이 부족하다. 진화론적인 관점에서 보면 그들이 원래부터 매력적이지 않았던 것이 아니라, 생식 능력이 사라지면서 젊은 시절의 아름다움을 잃어버린 것이다. 노인은 지혜롭고 현명하며 후손을 도와줄 수는 있지만, 사실 이런 일은 외적인 매력이 필요없다. 노인을 신체적인 조건으로만 판단하는 태도는 브라질 아마존의 남비콰라족Nambikwara에서도 찾아볼 수 있다. 이들의 언어는 젊은young과 아름다움beautiful을 의미하는 단어가 동일하며, 늙은old와 못생긴ugly를 지칭하는 단어 역시 동일했다.

때로는 치사한
노년의 삶

고대 시대부터 나이 든 사람을 대하는 태도는 국가마다, 또는 문화마다 차이가 있었다. 고대 그리스의 소포클레스, 에우리피데스, 플라톤은 70대까지 산 것으로 유명하다. 이들은 죽을 때까지 많은 이들에게 존경받았다. 그러나 그 당시 상황을 좀더 살펴볼 필요가 있다. 고대 그리스 시대의 평균 수명은 30세 정도에 불과했다. 아이들 절반이 10세가 되기 전에 전염병에 걸려 죽었다. 그 당시 가장 치명적이었던 죽음의 요인은 노화가 아니라, 장티푸스, 천연두, 콜레라와 같은 전염병이었던 것이다. 70세가 될 때까지 산다는 것은 지극히 드문 일이었다.

놀랍게도 80세가 넘어서까지 살았던 플라톤은 노년의 삶을 '젊은 시절에 나를 사로잡았던 욕망과 열정에서 벗어나 고요함과 자유가 찾아오는 시기'라고 묘사했다. 또한 '육체적 즐거움은 사라졌어도 정신적인 부분에서는 기쁨이 넘쳐난다'라고 했다. 그는 자식들이 부모를 존경해야 한다고 강조했다. 같은 시기에 스파르타에서는 노인을 존경하고 보호했다. 특히 60세 이상의 사람으로만 구성된 장로회가 국가 주요 정책을 결정할 정도로 노인들의 사회적 위치가 높았다.

그러나 동시에 노인에 대한 혐오감과 불쾌함도 존재했었

다. 그중에 아리스토텔레스는 보통 사람은 50세까지는 계속 앞으로 나가다가, 이 시기가 지나면 수다스러워지고 과거의 일에 집착하기 시작한다고 생각했다. 그는 '이미 수십 년을 넘게 살면서 수없이 사기 당하고 실수하고 잘못된 행동을 반복한다. 그렇기 때문에 노인들은 모든 일에 자신감이 없으며, 하는 행동마다 옳지 못한 선택을 한다'라고 말했다. 고대 그리스 인들은 신이 사랑하는 사람은 자기 곁에 두기 위해 데려가고, 사랑하지 않는 사람만 살려둔다고 믿었다. 그래서 살아남은 사람, 특히 나이가 많은 사람은 신이 거부한 쓸모없는 존재라고 여겼던 것 같다.

반면 고대 로마의 문인 키케로는 노년에 할 수 있는 다양한 지적 활동의 기쁨을 언급했다. 시민 봉사, 글쓰기, 언어 습득, 철학 연구 등 노년에 할 수 있는 일이 무궁무진하다고 했다. 하지만 그도 나이가 들었을 때 다음과 같이 말했다.

"노년의 명백한 미스터리에 대한 4가지 원인이 있다. 노년이 되면 일을 할 수 없고, 체력이 약해지며, 쾌락을 즐길 수 없고, 드디어 죽음이 멀지 않게 된다."

대부분의 종교는 노인에 대한 존경심을 가져야 한다고 강조한다. 《구약성서》에는 늙은 부모를 공경해야 한다고 쓰여 있다. 〈레위기〉 19장 32절에는 '너는 센 머리 앞에 일어서고 노인의 얼굴을 공경하며 네 하나님을 경외하라'라고 적혀있다. 노년은 젊을 적에 부모를 모시고 자녀를 양육한 것에 대한 보상일 수 있다. 〈출애굽기〉 20장 12절에는 '네 부모를 공경하라 그리하면 너의 하나님 나 여호와가 네게 준 땅에서 네 생명이 길리라'라고 적혀있다. 이슬람교의 경전인 《코란》에도 '부모에게 잘하라. 부모 양쪽 혹은 한쪽만 너와 노년을 보내든 아니든 그들을 꾸짖지 마라. 대신 그들에게 존경의 말을 해라.'라고 나와 있다. 불교 역시 사상 속에 노인을 공경하는 마음이 깊숙하게 자리잡고 있다.

예부터 동양에서는 노인을 공경해 왔다. 중국에서 노인들의 지위가 높은 이유는 공자의 사상에서 그 뿌리를 찾아볼 수 있다. 공자는 '가족 구성원은 최고령자에게 복종해야 하며, 최고령자는 자식들의 삶과 죽음을 결정할 수 있는 권리가 있다'라고 주장했다. 그는 70세의 생일에 '나는 도덕법에 복종하지 않고도 내 마음이 시키는대로 할 수 있다'라고 말한 것으로 유명하다. 또한 그는 효도에 대해 다음과 같이 말했다.

"효도는 모든 미덕의 뿌리이다. 그리고 효도에서 모든 도덕적 가르침이 나온다."

그의 사상 덕분인지 아직까지도 중국인들은 노인의 특권을 누리기 위해 빨리 나이를 먹거나, 혹은 나이 들어 보이기를 원하는 것 같다. 동양에서는 연령대가 다른 두 사람이 함께 대화를 나눌 경우 나이가 많은 사람은 자유롭게 이야기를 하고, 젊은 사람은 연장자의 이야기를 공손하게 경청한다.

또한 노인에 대한 공경을 나타낸 속담이 많이 있다. 예를 들어 '성공하기를 원한다면 세 명의 노인에게 조언을 구하라', '노인의 조언을 받아들이지 않는 자는 언젠가 빈털터리가 될 것이다', '가족 중에 노인이 한 명 있다면 보석을 갖고 있는 것과 같다' 등이 있다.

반면에 중세 시대의 서양 문학에서는 노인이 거의 등장하지 않는다. 설령 등장하더라도 그들의 모습은 비관적이고 암울하기만 하다. 17~18세기 작가들은 대부분 노년을 신체가 쇠퇴하는 시간이라고 여겼기 때문에 괴팍하고 수다스럽고 건망증이 심한 모습으로 노인을 묘사했다.

노인을 대하는
태도의 역사

과거 산업이 발달하지 않았을 때에는 최고 연장자가 지도자의 역할을 담당했다. 연장자는 존경을 받았고 그만큼 대우도 특별했다. 그들은 정보 전달자이며 초자연적인 힘을 가진 지배자였다. 젊은이들은 연장자의 지혜와 경험을 존경했고 필요로 했다. 미얀마의 소수 민족인 팔라웅 족 Palaungs은 아마 세상에서 연장자를 가장 존경하는 집단일 것이다. 이들은 덕이 있는 사람만 오래 살 수 있다고 생각했다. 어른들은 아이들에게 "어른에게 해가 되지 않으려면 그림자도 밟아서는 안 된다"라고 가르친다. 그래서 이 부족 사람들은 하루 빨리 나이가 들기를 소원했다. 수단의 잔데 족^{Zande} 역시 노인들에게는 초자연적인 마법의 힘이 있다고 믿었다.

그런데 더 먼 옛날에 노인은 괄시와 모욕의 대상이었다. 원시 사회에서 쇠약하고 판단력이 없는 노인은 사회 공동체에서 불필요한 존재였던 것이다. 특히 유목생활을 하는 부족 사회에서 힘이 없는 노인은 이동 중에 무리를 따라가지 못하고 버림을 받거나 신에게 바치는 제물로 희생되었다. 병약하고 판단력이 희미해진 노인은 더 이상 낚시나 사냥을 할 수 없다고 판단한 것이다. 이 당시 사람들은 먹고 사는 문제가 삶의 가장 큰 화두였기 때문에, 개인의 생산력이 곧 삶의 이유였다.

농경 사회로 들어서면서 한 곳에 정착을 해서 농사를 지었기 때문에 예전에 비해 식량이 풍족해졌다. 그러면서 연장자가 갖고 있는 지혜와 경험이 매우 중요해진다. 이런 까닭에 고령자에 대한 대우가 한결 나아졌다. 그들의 경험과 삶의 지혜는 후손들에게 전해졌고, 후손들은 노인을 공경해야 한다는 생각을 갖게 된 것이다. 하지만 여전히 힘없고 병든 노인은 골칫거리로 여겨졌다. 병든 노인을 멀리 내다 버리는 잔혹한 풍습은 서양과 동양에서 모두 찾아볼 수 있다.

노인을 대하는 잔혹한 태도가 드러나는 아일랜드 동화가 있다. 여기에 등장하는 한 남성은 매일 먹기만 하고 담배만 축내는 늙은 아버지가 못마땅했다. 더 이상 참조 못하고 남성은 아버지에게 담요를 덮어 먼 곳에 내다 버리기로 했다. 준비를 마치고 집을 나서려는데 그의 아들이 앞을 막아섰다.

　　"아버지 담요의 반을 잘라서 저에게 주세요. 그래야 아버지가 늙었을 때 저도 그것을 덮어서 갖다 버려야 하잖아요."

　　아들의 말을 들은 남성은 자신의 잘못을 뉘우치고 생각을 고쳤다는 내용이다. 아마도 이 동화를 통해 작가는 어린이들에게 노인을 공경해야 한다는 메시지를 전하려고 했던 것 같다. 하지만 실제로 노인을 대하는 태도는 한 세대에서 다음 세대로 넘어 갈 때 더욱 심해지는 경향을 보인다.

　　오랫동안 인간의 문화를 연구해온 한 연구자가 다음과 같은 말을 했다.

　　"은퇴할 수 있는 나이는 없다. 하지만 채집과 사냥, 낚시로 생계를 유지하는 사회에서 노인들의 이용가치는 거의 바닥이었다. 왜냐하면 그들의 기술이 죽을 때까지 갖고 있을 수 없는 것이었기 때문이다. 자식도 없고 돈도 없는 노인은, 어느 시대에서든지 힘겨운 삶을 보냈다."

때로는 너무 생색내는
노인의 삶

　　　　한 노인인권단체에서 요즘 젊은이들이 갖고 있는 노인에 대한 이미지를 조사했다. 대부분의 사람들이 '자상하지만 무능력하고, 허약하지만 지혜로운' 이미지를 갖고 있었다고 한다. 젊은이들이 나이 든 사람보다 유능하다고 생각하는 이유는, 젊은이들이 기억을 못하면 게을러서 그런거고 노인들이 기억을 못하면 노화로 지적 능력이 떨어진 것이라고 생각하기 때문이다. 조사 결과 놀라운 점은 노인들 스스로도 나이에 대한 선입관이나 고정관념이 깊숙이 자리 잡고 있다는 것이다. 이들은 자신들이 무기력하며 무능력하다는 생각을 갖고 있었다. 또한 점점 능력이 쇠퇴해서 사회적으로 불필요한 존재가 될 것이라고 믿고 있었다.

이 조사를 통해 내려진 결론은, 많은 사람들이 자신의 연령대에 가장 큰 유대감을 갖고 만족감을 느끼고 있다는 것이다. 그러나 나이가 많은 연령층의 4분의 1 정도는 다른 생각을 갖고 있었다. 그들은 자신들이 확실히 무능력하다고 생각하고 있었다.

많은 사람들이 나이 든 사람들은 자상하고 현명하며 젊은이들에게 존경을 받아야 한다고 생각하지만, 현실에서는 다소 차이가 있다. 실제로 고령자에게는 고용의 기회가 동등하게 주어지지 않는다. 고용주들은 나이 든 사람보다 젊은 사람들이 더 책임감 있고 성실하게 일을 잘 할 것이라고 생각하는 것 같다. 하지만 오히려 그 분야에서 오랫동안 같은 일을 한 사람들이 젊은이들보다 뛰어난 수행 능력을 보이는 것은 분명한 사실이다.

정치권에서 노인들이 차지하는 위치는 사회마다 차이가 있다. 노인 통치를 기본으로 하는 노인 지배의 정치 체제, 즉 제론토크라시geronotocracy는 공산 국가에서 흔히 찾아 볼 수 있다. 공산 국가에서는 정당에 소속된 기간을 리더십의 중요한 자격으로 여겼다. 1980년대 중국 공산당에서는 '80대가 70대를 소집해서 당을 떠나야 하는 60대를 결정했다'라는 우스갯소리도 있었다.

물론 모든 대중이 나이가 많은 정치인을 원하는 것은 아니다. 한 예로 영국의 정치가 멘지스 켐벨Menzies campbell이 64세의 나이에 자유민주당의 당대표로 선출되었을 때 많은 언론사에서 그를 늙고 대머리이며 게을러빠진 영감탱이로 묘사한 일이 있었다. 그는 대중에게 나이 든 사람들의 장점과 경험과 가치를 피력하려고 무단히 노력했지만 결국 강제 사퇴를 당하고 말았다.

동화 속 악역은 모두 할머니가 맡고 있다

　　　　　독일의 한 지방 고위 관리가 시골 마을을 여행하던 중에 청년들이 노인 한 명을 끌고가는 장면을 목격했다. 그가 청년들에게 노인을 어디로 데리고 가는 거냐고 묻자, 그들은 퉁명스럽게 "신에게 데려갑니다!"라고 대답했다. 청년들은 노인이 병들고 쇠약해져서 더 이상 스스로 생계를 꾸려나가지 못하자 제물로 바치려는 것이었다. 상황을 파악한 고위 관리가 사람들에게 노인을 자기에게 넘기라고 했다. 그는 노인을 집으로 데려와 경비원으로 고용했다. 그후 노인은 20년을 넘게 더 살았다고 한다.

　1960년대 서구 사회의 풍요를 누린 사람들은 기성세대가 아니라 20대 초반의 젊은이들이었다. 점차 그들만의 고유한 문화가 사회를 지배하기 시작했다. 모든 광고의 중심 타깃은 젊은층에게 맞추어졌다. 주류를 이루던 젊은이들은 나이 드는 것을 거부했다. 노년층은 점점 대중의 삶으로부터 소외 당했다. 나이 든 사람을 보면서 '나도 언젠가는 늙겠지'라고 생각하는 젊은이는 거의 없었다. 당시 미국에서는 노화방지 기능을 가진 화장품 산업이 10배 가까이 증가했다.

　그러나 시간이 흘러 선진국의 고령화 사회가 진행되면서 노인만을 위한 문화 아이콘이 하나 둘씩 생겨나기 시작했다.

문화를 만들고 사회를 지배했던 이들이 나이를 먹은 것이다.

미국의 65세 이상의 사람들 중 절반은 인생의 전성기가 언제였냐는 질문에 현재라고 대답한다. 그리고 이것은 노년을 두려워하는 사람들에게 용기를 준다. 하지만 여전히 자신의 나이에 대한 고정관념에서 벗어나질 못한다.

"살겠다고 버티는 내 몸이 존경할 만하지?", "무엇을 원하느냐고? 그야 돈과 젊은 여자지"라는 말을 종종 한다. 그들은 자신이 젊었을 적에 나이 든 사람을 보면서 증오했던 행동과 생각을 어느덧 자신이 하고 있다는 사실을 깨달았을 때 나이가 들었다는 걸 인식할 것이다. 또한 젊은 시절에는 너무나 중요하게 생각했던 유행이나 사회 현상이 더 이상 궁금하지 않아진다. 이런 모습을 보면서 젊은이들은 '역시 노인들은 고리타분해!', '아 늙으면 따분해서 어떻게 살지?', '그냥 죽는 게 나을지도 몰라'라는 생각을 한다.

그렇다면 왜 사람들은, 그리고 사회는 노인을 차별하고 따돌리는 것일까? 설화나 동화에 등장하는 노인의 모습은 대부분 사람들에게 두려운 존재이며 믿을 수 없는 대상이다. 특히 서양의 동화 속 할머니는 처음에는 인자하고 친절하지만 결국에는 사악한 마녀로 변신하는 경우가 많다. 《헨젤과 그레텔》에 등장하는 사악한 마녀와 영화 〈공포의 럼펠스킨〉에서 영혼을 빼앗고 아기를 훔치는 난쟁이처럼 말이다. 마귀할머니, 구두쇠할아버지 등 동화 속에 등장하는 노인의 이미지는 아이들에게 긍정적인 마음을 심어주기 힘들다.

노인을 왕따 시키는 사회, 그 비참한 역사

노인 차별ageism이란 용어는 노인을 편견을 갖고 대하는 태도, 노년을 삶에 대한 부정적인 생각, 노인을 차별하는 행동을 습관처럼 반복하는 것을 모두 포함하고 있는 말이다. 이 용어는 1969년에 처음 사용되었다. 하지만 노인 차별의 역사는 그것보다 매우 오래됐다. 특히 병에 걸리고 힘이 없는 노인을 살해하는 관습은 전 세계적으로 아주 예외적인 사회를 제외하고는 공통적으로 행해졌었다.

수단의 딩카 족은 힘이 없어 병약한 노인을 산 채로 땅에 묻는 풍습이 있었다. 아프리카의 부시맨은 노인의 지식과 경험을 높이 평가했지만, 일단 병에 걸리고 무능력해지면 그들을 마을에서 멀리 떨어진 오두막집으로 보내 쓸쓸히 죽음을 맞도록 했다. 과거 일본에서는 3년마다 열리는 의식행사에서 노인을 제물로 바쳤다. 고대 로마에서는 죽기를 희망하는 노인을 살해했다고 한다. 전투를 지향하던 고대 로마 사회에서는 나이를 먹어 노환으로 죽는 것이 가장 수치스러운 일이었기 때문이다.

현대에서도 많은 노인 차별이 행해지고 있다. 그중에서 가장 일반적인 것이 바로 정년제이다. 많은 사람들이 의지와 상관없이 은퇴를 강요받고 있으며, 이로 인해 생활고에 시달리고 있다. 영국에서는 2009년 한 해 동안 12만 명의 근로자가 강제로 명예퇴직을 당했다. 10만 명의 근로자를 강제로 은퇴시킴으로써 손실된 경제 생산량은, 근로자가 받지 못한 임금 20억을 포함해서 총 35억 파운드로 추정된다. 영국 정부는 이 정년제를 단계별로 폐지하기로 선언했다.

지난 10년 동안 경제 잡지인 〈이코노미스트〉에 실린 노인 관련 기사를 분석해보면 노인을 사회의 골칫거리로 여기는 경향이 뚜렷하다는 걸 알 수 있다. 정부 예산이 노인건강복지 비용으로 바닥을 드러내고 있다는 비관적인 기사와 국민연금 비용의 과도한 책정을 시한폭탄이라고 묘사하는 기사가 정기적으로 실렸다.

그러나 실제로는 지난 세기를 지나면서 인구 증가는 경제적 풍요라는 큰 수확을 가져왔다. 이것은 평균 수명이 연장된 결과이며, 이들이 열심히 노동을 한 덕분이다.

노년의 근로 활동은 노년층에게 건강과 만족감을 경제적으로 큰 영향을 끼친다. 그리고 이들은 젊은 사람들과 비교했을 때 업무 능력에서도 큰 차이가 없다. 오히려 결근이 잦은 젊은 근로자들보다 훨씬 믿음직스럽다. 그럼에도 불구하고 노인 근로자는 계속해서 비율이 줄어들고 있는 실정이다. 어떤 일을 하는 데 반드시 요구되는 자격이 나이와 관련이 있다면 고용 차별을 두는 것이 합법적이다. 하지만 정당한 사유가 없이, 또는 법에서 말하는 예외적인 조항에 포함되지 않는 사유로 근로자의 나이에 제한을 두는 것은 불법이다. 미국은 1967년 연령차별금지법을 제정하여 나이 때문에 고용 차별을 받는 40대 이후의 근로자들을 보호하고 있다. 그러나 나이 든 사람이 하기에 너무 위험하거나 특별한 정신 기술이 필요한 일부 직원군에는 정년제를 두었다.

현재 전세계적으로 행해지고 있는 노인 차별은 단순히 고령자를 경제 능력을 상실한 계층으로 보는 태도 그 이상이다. 노인들은 단지 나이가 많다는 이유로 신용대출, 신용카드 발급, 자동차보험 가입 등에서 거부를 당하거나 부당한 대우를 받고 있다. 때론 공공기관에서도 노인에게 형편 없는 서비스를 제공하기도 한다. 또한 장애인생활보조 수당에서는 연령 제한을 당하며, 심지어 병원에서조차 거부하는 경우도 있다.

영국의 한 단체가 2천여 명의 고령자를 대상으로 조사를 했더니 2004년 이후 노인 차별이 매우 심각해진 것으로 드러났다. 다른 형태의 차별보다 노인 차별을 경험한 사람이 무려 3배나 많았다. 좀더 직접적인 차별은 근로 현장에서 고용주가 근로자의 나이가 많다는 이유로 부당한 대우를 했을 때이다. 65세 이상의 사람 중에서 4분의 3이 근로 현장뿐 아니라 사회 각 분야에서 노인 차별로 고통을 받고 있다고 생각했다. 이들은 무신경한 대접을 받거나, 지나칠 정도로 공손한 대우를 받았을 때 당혹스러움을 느낀다고 했다. 그런데 이로 인한 결과는 당혹스러움 그 이상일 수도 있다.

노인들은 점차 자존감이 낮아지고, 이는 건강에도 해를 끼친다. 나이가 들면 혼자 살 가능성이 증가하는 것은 어쩔 수 없으며, 외로움은 고통스러울 수 있다. 65세 이상의 노인들 10명 중 1명, 즉 거의 100만 명 이상의 노인들이 스스로 외롭다고 생각한다. 수백만 명의 노인들이 외로움을 경험했다. 거의 50만 명의 노인들은 일주일에 겨우 1번 외출하고, 나머지 30만 명은 심각한 노화와 질병 때문에 바깥출입을 상상도 하지 못한다. 크리스마스와 같은 휴일을 혼자 보내는 65세 이상의 노인이 50만 명이나 된다. 부유층에 비해서 2배나 많은 극빈층이 더 큰 소외감이나 외로움을 느낀다. 배우자가 없는 사람들이나 배우자와 사이가 좋지 않은 사람들이 더 큰 소외감을 느끼는 것은 당연하다. 75세 이상의 노인들 중 홀로 사는 여성은 60퍼센트인 반면에 남성은 30퍼센트 미만이다. 가족의 크기가 축소되면서 현재 80세 이상의 노인들 중 여성은 3분의 2가 남성은 3분의 1이 홀로 산다. 이들이 50대 초반이었을 때는 10명 중 1명만 홀로 살았다. 집을 소유하고 있는 노인은 많지만, 대부분의 집은 상태가 열악하다. 또한 자기 집에 거주하고 있는 75세 이상의 노인들 중 절반은 장애가 있다. 80세 이상의 노인 중 재혼하는 사람은 불과 400명 정도이며, 이들 중 여성보다는 남성이 더 많으며 남성들은 대체로 연하의 여성과 결혼한다.

사회에서 냉혹하게 소외되는 노인은 일반적으로 80세 이상이거나, 홀로 살거나, 자녀가 없거나, 건강이 나쁘거나, 심한 우울증을 앓거나, 대중교통을 이용하지 못하거나, 집이 없거나, 정보보조금으로 살거나, 무직이거나, 신체 기능에 장애가 있다. 또한 노인 인구 중에서 가장 빈곤한 층에 속하는 사람들이 사회에서 소외 당한다.

상황이 이런데도 도시에 거주하면서 대중교통을 이용하는 노인들을 위한 편의 시설을 개선하려는 정부의 노력은 거의 찾아볼 수 없다. 조만간 런던 시에서는 하이드파크와 다른 지역에 연금수령자를 위한 운동 기구와 야외체육관을 세울 계획이라고 한다. 아마도 이 시설은 일반체육관보다 안전하고 저렴하게 운영될 것이다. 버스는 노인들이 승하차를 쉽게 할 수 있도록 설계해야 한다. 긍정적인 면은 노인이 대중교통을 이용할 때 요금할인을 받는다는 것이다. 그런데 점차 요금 할인을 받는 노인이 많아지면서 정부가 부담해야 할 금액이 천

문학적으로 늘어나 사회적인 문제가 되고 있다고 한다.

다양한 분야에서
행해지고 있는 노인 차별

하지만 아직까지 노인 차별은 인종 차별이나 성차별에 비해 인식 자체를 거의 못하고 있는 상황이며, 이에 대한 조사 자체가 충분히 이뤄지지 않고 있다. 그런데 노인 차별에서 심각한 상황으로 가고 있는 것이 바로 노인 학대이다. 2004년 영국의 하원에서 보고한 바에 따르면 현재 학대를 받고 있는 노인이 50만 명이 넘는다고 한다. 이는 대부분 가정에서 일어나고 있으며, 배우자나 가족에게 학대받는 노인이 절반을 차지했다. 학대의 유형으로는 신체적, 정신적, 성적 학대가 있으며, 방임과 과잉친절도 여기에 속한다. 하지만 실제로 보고되는 사례는 많지 않다. 그 이유는 학대를 당하는 노인이 신고를 하는 방법을 모르거나, 거부감을 갖고 있기 때문이다. 그들은 자신이 학대받고 있다는 사실이 주변에 알려지는 것을 두려워하고 있었다.

건강의료분야에서도 노인 차별은 심각한 문제이다. 치매와 고혈압은 65세 이상의 노인들에게 훨씬 더 많이 걸리는 질병인데도 불구하고 이들을 진료하기를 거부하는 병원이 비일비

재하다. 또한 진료를 받더라도 젊은이들에 비해 병원비를 더 많이 받거나, 치료 수준이 떨어진다. 의자들은 나이 많은 환자가 설명하는 증세나 증상을 노환으로 치부하고 묵살하는 경우가 있다. 65세 이상의 노년층이 병에 걸려도 전문적인 치료를 받는 사람은 10퍼센트에 불과하다고 한다. 반면에 젊은 사람들 비율은 50퍼센트나 된다. 수술과 같이 위험성이 높은 치료는 더더욱 받기 어렵다. 몇몇 프로정신을 갖추지 못한 의사들이 노인 환자가 수술을 견디기 못하고 중간에 합병증으로 사망하는 확률이 높다는 이유로 수술을 꺼린다.

또 다른 성격의 노인 차별로는 '자애로운 편견'이 있다. 자애로운 편견이란 노인에게 연민을 느껴 친절을 베푸는 것이다. 하지만 여기에는 노인이 '인자'하지만 '무능력'하다는 인식이 깔려 있다. 보통 이것은 사람들이 어린아이나 장애인에게 갖는 편견과 유사하다. 조사 결과 사람들은 노인을 배려해야 한다는 것을 당연하게 여기지만, 동시에 이들을 '일할 능력이 없는 무능력한 존재'라고 여긴다는 사실이 밝혀졌다. 자애로운 편견은 나이 든 사람들의 삶에 대한 기대치를 낮추고 선택권이나 통제권을 박탈하는 차별인 것이다. 또한 나이 많은 사람들에게 마치 어린아이에게 말하듯이 큰 소리로 또박또박 과장된 말투로 말하는 방식 역시 모욕감을 느끼게 한다.

언어나 태도뿐만 아니라 눈으로 보여지는 이미지에서도 노인 차별이 행해지고 있다. 얼마 전 덴마크와 다른 몇몇 나라에서 신문이나 잡지, 공공기관 포스터에 노인을 과체중, 혹은 병약한 이미지로 표현하는 것을 지양하자는 운동이 일어났다. 알게 모르게 행해지고 있는 노인 차별은 심각한 사회 문제로 이어질 가능성을 갖고 있다. 쓸모없는 존재라는 말을 자주 들으면 결국 노인들 스스로가 자신을 의존적이며 사회에 기여하지 못하는 존재로 인식하게 될 것이다.

다시 한 번 말하지만 고령화 사회로 접어들면서 노인 차별은 심각한 사회 문제가 되고 있다. 그런데 청년들이 기억해야 할 것이 있다. 바로 고령자들이 시장에서 엄청난 파워를 가진 소비자가 되고 있다는 것이다. 사회에 존재하는 하나의 집단으로서 노인들이 소비 시장에서 차지하는 힘이 점점 커지고 있다. 하지만 여전히 사회는 고령화 속도에 비해 너무나 천천히 적응하고 있다. 현재 소비 시장이 노인의 소비 욕구를 충족시켜 줄 노력을 거의 하고 있지 않은 것이 현실이다. 이에 노인들은 사회 밖으로 내몰릴 위기에 처해 있는 것이다. 하지만 언제까지 고령자들이 움추리고 있을 것이라고 생각하는가.

7장

노년에 적응하기

ADAPTING

"누구나 오래 살기를 원하지만
누구도 늙는 것은 원하지 않는다."
- 조나단 스위프트^{Jonathan Swift}

인간이 영원히
살 수 있는 방법

나는 교수직에서 은퇴를 한지 몇 년이 지났다. 은퇴 후의 삶은 만족스러운 편이다. 지금도 학교에 내 연구실이 있으며, 가끔 세미나도 참석하고 강의도 한다. 집에서 책을 쓰며 보내는 시간도 맘에 든다. 침대에 반쯤 누워서 노트북을 무릎에 올려놓고 글을 쓸 때도 있다. 여전히 일주일에 2번 정도는 테니스를 치고, 매일 빠르지 않은 속도로 조깅을 하거나 자전거를 타고 마을을 돌아다닌다. 이제는 학교에 연구지원금을 요청할 필요도 없다. 특히 정기적으로 논문을 쓸 필요도 없고 학생들 시험지를 채점할 필요가 없다는 것이 가장 행복하다. 하지만 한편으로는 연구에 매진하던 젊은 시절이 너무 그립다. 하지만 지금 상황에서 내가 평생 연구했던 발달 생물학의 눈부신 진보를 받아들일 수 있는 능력이 과연 남아 있을지 의심스럽다.

예를 들면, 유전자가 단계별로 혹은 장소에 따라서 활성화하는지를 구별하는 신기술이 있다 해도 지금 나의 지식으로는 해결할 수 없다. 가끔씩 내가 계속 살아야 하는 이유가 궁금할 때도 있다.

사람은 얼마나 오래 살 수 있을까? 죽지 않고 영생하는 것은 오랫동안 사람들이 고민해왔던 문제이다. 불멸에 관한 최초의 전설은 기원전 2000년 경 고대 바빌로니아의 영웅 길가메시Gilgamesh의 이야기이다. 두려움이 없고 용감했던 길가메시는 나이를 먹으면서 점차 죽음에 대한 두려움이 생겼다. 그는 만약 7일 동안 잠을 한숨도 자지 않으면 영생할 수 있다는 말을 누군가에게 들었다. 그는 시도했지만 실패했다. 신은 다시 그에게 물속에 영생을 누릴 수 있는 식물이 있다는 것을 알려주었다. 그는 물속으로 헤엄쳐 들어가 드디어 그 식물을 손에 넣었다. 하지만 물가에 식물을 던져두고 잠깐 한 눈을 파는 사이에 뱀이 식물을 한입에 삼켜버렸다고 한다.

또 다른 그리스 신화에서는 티토노스의 이야기가 나온다. 건장하고 잘 생긴 티토노스는 새벽의 여신인 에오스와 사랑

영생을 얻게 된 티토노스는 점점 늙어서 몸을 가눌 수 없을 정도로 쇠약해지면서도 계속 지껄이다가 마침내 매미가 되었다.

에 빠진다. 티토노스를 너무나 사랑한 에오스는 제우스를 찾아가 티토노스에게 불멸의 삶을 달라고 요청했다. 제우스는 결국 티토노스에게 영생의 삶을 주었다. 하지만 에오스는 영원한 젊음도 함께 달라는 부탁을 하지 않는 실수를 저지른다. 세월이 흐를수록 티토노스는 늙어갔다.

100세 정도가 되자 인지 장애 증세를 보였고, 한때 열렬히 사랑했던 연인을 알아보지 못하고 혼자 끊임없이 중얼거렸다. 티토노스의 늙어버린 육체와 쇠약해진 정신에 질려버린 에오스는 결국 그를 매미로 만들었다. 오늘날 사람들이 매미 울음소리가 들리면 어디선가 노인들이 쉬지 않고 중얼거리는 소리라고 하는 이유이다.

생명 연장과 불멸의 삶에 대한 입장은 시대별로, 그리고 사상에 따라 차이가 있었다. 그리스 철학자 데모크리토스 Democritus는 오래 살고 싶어 하는 사람들을 거세게 비난하고, 나이 듦과 죽음을 있는 그대로 받아들이면 평온하게 살 수 있다고 했다. 로마 철학자 루크레티우스Lusretius 역시 사람이 살아 있는 시간보다 죽은 상태로 있는 시간이 훨씬 길다는 것을 인정하지 않는 사람은 어리석다고 설파했다. 또한 죽음은 인구의 수를 안정적으로 유지하는 데 반드시 필요하다고 주장했다.

유대교와 기독교 또한 인간이 오래 사는 것에 대한 견해가 매우 확고했다. 성경에는 아담과 이브가 선악과 나무의 열매를 먹었을 때, 하나님이 '보라 이 사람이 선악을 아는 일에 우리 중 하나같이 되었으니 그가 그 손을 들어 생명나무 실과도 따먹고 영생할까 하노라'라고 말씀하시는 부분이 나온다. 그리고는 아담과 이브를 추방하고 생명의 나무로 가는 입구에 천사를 두고 지켰다고 한다.

기독교에서 장수하는 삶은 하나님의 은혜와 동일한 의미를 갖고 있다. 성경은 초고령의 나이까지 산 인물들을 기록하고 있다. 아담은 930세, 노아는 950세, 노아의 할아버지인 므두셀라는 969세까지 살았다고 한다.

13세기 중세 유럽부터 전해 내려오던 비극적인 이야기가

있다. 구두장이었던 아하스베루스Ahasberus가 이 이야기의 주인
공이다. 그리스도가 등에 십자가를 지고 아하스베루스의 집
을 지나갈 때였다. 평소에 별로 인기가 없었던 그는 사람들의
환심을 사기 위해 그리스도에게 빨리 지나가라고 소리쳤다.
그의 목소리를 들은 그리스도가 아하스베루스에게 자신이 재
림할 때까지 세상을 떠돌아다니게 될 것이라고 예언했다. 그
후 아하스베루스는 1252년에 세인트 올번스 성당의 수도원에
서 발견되었고, 다시 약 400년 뒤인 1642년에 함부르크에서
발견되었다고 한다. 아하스베루스라는 이름은 '떠도는 유태
인'이라는 의미이다.

　사람들의 소원이 담긴 장수 신화 역시 인류만큼 긴 역사를
갖고 있다. 대제국을 이룩한 위대한 군주 알렉산드로스 대왕
Alexandros the Great도 오랫동안 생명수를 찾는 데 시간을 허비했다
고 전해진다. 그는 세계 각지로 생명수를 찾으러 다녔다. 몸
종인 앙드레는 항상 대왕을 따라다녔다. 그러던 어느 날 어둠
에 뒤덮여 있는 한 나라를 발견했다. 그곳에서 안타깝게도 알
렉산드라스 대왕은 길을 잃고 말았지만, 몸종 앙드레는 생명
수를 찾아서 영생을 누렸다고 전해진다.

　'청춘의 샘Fountain of Youth'은 푸에르토리코Puerto Rico and Cuba에 있
는 히스파니올라 섬Hispaniola의 원주민들로부터 전해 내려오는
전설의 샘물이다. 푸에르토리코는 현재 서인도 제도에 있는

미국의 자치령이다. 과거 스페인 탐험가들이 이곳에 처음 도착
했을 때 원주민으로부터 북부에 있는 비미니Bimini라는 지역에
신비한 치유 능력이 있는 물이 있다는 이야기를 듣게 되었다.
이 물로 목욕하면 어떤 사람이라도 젊어진다는 내용이었다. 스
페인의 탐험가인 후안 폰세 데 레온Joan Ponce de Leon은 1943년 콜
럼버스와 두 번째 항해를 마치고 난 후, 푸에르토리코를 정복
하고 최초의 주지사가 된 인물이다. 그는 이미 알렉산더 대왕
이 그 생명수를 찾아 아시아 동부지역을 돌아다녔다는 이야
기를 어렴풋이 알고 있었다. 식민지를 개척한 공헌으로 부를
축적한 그는 사재로 배 3척을 준비한 후 젊음을 되찾아줄 청
춘의 샘을 찾아 떠났다. 하지만 그가 마지막으로 도착한 지역
은 비미니가 아니라 미국 남동쪽에 있는 플로리다Florida였다.
그의 청춘의 샘을 향한 탐험은 실패로 돌아갔지만, 후세 사람
들이 보기에는 성공에 가깝다. 왜냐하면 플로리다는 따뜻한
기후 때문에 많은 사람들이 아픈 몸을 치유하기 위해 찾는 지
역이기 때문이다.

　장수에 대한 신화는 현대까지도 이어진다. 압하지아Abkhazia
공화국은 러시아 남부의 코카서스 산맥에 위한 나라이다. 이
곳은 이란 국경과 가까우며, 주변이 산으로 빼곡하게 둘러싸
여 있다. 이곳 사람들은 오래 사는 것으로 유명하다. 조사한
바에 의하면 1960년에 이 지역 사람들의 평균 수명은 150세

였으며, 110세가 되었을 때 결혼하고 136세에 자식을 낳는다고 한다. 이 나라 국민 중에 한 명인 스히라리 무스리모프Shirali Muslimov라는 남성은 사망 당시 나이가 무려 168세이었다고 전해진다. 그러나 정확한 출생연도가 남아 있는 것이 없어 공식적인 나이는 알 수 없다.

영국에서 가장 오랜 산 사람은 토마스 파Thomas Parr라는 남성으로 152세까지 살았다고 한다. 그는 1483년 슈루즈버리 Shrewsbury근교에서 태어났다. 80세에 결혼해서 아들과 딸을 한 명씩 낳았지만 둘 다 어렸을 때 죽었다. 그의 장수 비결은 채식과 금욕이었다고 한다. 그러나 아이러니하게도 그는 100세 즈음에 간통으로 딸을 한 명 낳았다. 그의 나이가 널리 소문이 나면서 유명세를 타기 시작했다. 당대 유명 화가였던 루벤스Lubens와 반다이크Van Dyke가 그의 초상화를 그리기를 자청했을 정도였다. 그가 151세가 되던 해인 1635년에 찰스 1세Charles 1의 초청을 받고 그는 런던으로 갔다. 영국 황실에서 극빈 대우를 받았지만 음식과 환경의 변화에 적응을 하지 못하고 1년이 채 되지 않아 사망하였다. 찰스 1세는 1635년 웨스트민스터 사원에 그를 묻었다. 그 후 외과의사 윌리엄 하비William Harvey가 파의 몸을 부검하자 놀랍게도 신체 나이가 70세 미만인 것으로 밝혀졌다.

의료 기술로 늘어난
인류의 수명과 그 한계

현대 사회는 생활환경의 개선, 질병 예방, 의료 기술의 발전 등으로 세포의 재생과 손상을 어느 정도 막을 수 있다. 때문에 인간의 수명이 연장될 수 있었다. 그러나 전설과 신화에서 전해지는 것과는 달리 인간의 수명은 어느 정도에 이르면 한계에 달한다. 전세계적으로 초백세인, 다시 말하면 110세 이상인 사람은 약 300명에서 450명 사이로 추정된다. 역사 중에서도 114세까지 살았다는 것을 과학적으로 입증할 수 있는 사람은 불과 50명도 되지 않는다. 일본의 카마 친넨이라는 여성은 근래 가장 오래 산 사람으로 기록에 남았다. 그녀는 거의 115세까지 살았다. 기네스북에 오른 남성은 115세까지 살았던 미국인 크리스찬 몬텐슨이다.

최근 과학자들이 백세인 1,055명의 유전자를 연구한 결과, 사람이 100세까지 살 수 있는 가능성을 77퍼센트까지 예측할 수 있다는 사실이 밝혀졌다. 백세인들 중 90퍼센트가 유전자에 오래 사는 것과 관련 있는 돌연변이를 갖고 있는 것이다. 하지만 아직까지는 이 유전자 테스트를 통해 실제로 사람이 몇 살까지 살 수 있는지 정확하게 알 수 없다.

90세가 넘은 사람들을 관찰해보면 하나같이 건강관리가 철저하다는 것을 알 수 있다. 또한 그들은 일상생활을 하는 데 전혀 무리가 없어 보인다. 한 연구에 따르면 백세인들 중 3분의 1은 여전히 독립적인 생활이 가능하다고 한다. 얼핏 생각하기에 초고령 그룹에 속하는 노인들이 젊은편에 속하는 노인에 비해서 건강하지 않은 것 같지만, 실제로는 젊은 노인들이 더 빨리 사망한다. 초고령자 중에서 암으로 사망하는 경우는 겨우 4퍼센트에 불과하지만, 50세가 된 사람들은 그 확률이 40퍼센트가 넘는다. 또한 백세인들은 심혈관계 질환에 걸릴 확률도 매우 낮다. 이들 대부분은 80세가 될 때까지 만성 질환에 걸리지 않았다. 100세 넘게 산 사람들의 자녀들 또한 암이나 심장 질환에 걸릴 확률이 낮았다. 장수하는 사람들에게서 찾아볼 수 있는, 인슐린유사생장인자 신호 경로를 조절하는 FOXO3a 유전자 변이는 인간 수명에 긍정적인 영향을 미치는 것으로 밝혀졌다.

쌍둥이 형제자매와 장수 가족의 유전자를 연구한 결과 유전자가 수명에 미치는 영향은 3분의 1정도였다. 일란성 쌍둥이의 외모가 점차 변하는 이유가 일부 유전자의 스위치가 켜지거나 꺼지기를 반복하는 것처럼, 유전자는 환경의 영향을 많이 받기 때문이다. 그러나 장수하는 사람의 형제자매가 백세인이 될 가능성이 상당히 높은 것은 사실이다. 알려진 것처럼 인슐린 수용체 유전자의 DNA변이는 전세계에 분포하는 많은 고령자들과 관련이 있다. 선충, 초파리, 쥐에게 유전자 변형 실험을 한 결과 수명이 다섯 배나 늘었다. 만약 이 기술을 인간에게 도입한다면 평균 400세까지 살 수 있을 것이다. 하지만 이것은 결코 희소식이 아니다. 우리는 티토누스의 이야기를 잊어서는 안된다. 오래 산다고 해서 반드시 건강하게 사는 것이 아니며, 노화의 영향권에서 결코 자유로울 수 없다. 또한 아직까지 인간의 수명을 연장할 수 있는 유전자는 정확하게 발견되지 않았다.

그렇다면 사람들은 얼마나 살기를 원할까? 조사 결과 평균적으로 90세까지 살기를 원한다고 한다. 그런데 조사에 참여한 사람 일부는 수명에 큰 관심이 없었다. 오히려 그 사람들은 나이가 들면서 건강이 얼마나 나빠질지를 더 많이 걱정한다. 또 시력이 저하되고 운동 능력이 떨어져서 더 이상 운전을 하지 못하게 될 것을 걱정한다. 그들은 과학자들이 수명 연장 메커니즘과 노화 방지에 대한 연구가 지속되기를 바란다.

일본의 유명한 판화가 호쿠사이Hokusai는 65살이 되었을 때 〈카나카와의 거대한 파도〉라는 유명한 작품을 남겼다. 그는 80세가 넘어서도 작품 활동에 여념이 없었다. 그는 88세에 죽기 직전에 한숨을 쉬며 이런 말을 남겼다.

"만약에 신이 나에게 10년만, 아니 5년만이라도 더 살게 했더라면 나는 진정한 예술가가 될 수 있었을 것이다."

그는 다음과 같이 덧붙였다.

"70세가 되기 전에 그렸던 모든 작품은 생각해볼 가치가 없는 것들이다. 73세가 되고보니 그제야 자연과 동물과 나무와 새와 물고기, 그리고 곤충이 어떻게 생겼는지를 진정으로 깨닫게 되었다. 80세가 되었을 때도 나는 계속 전진하고 있었다. 만약 내가 90세까지 살았더라면 만물의 신비를 꿰뚫어 볼 수 있게 되었을 것이다. 그리고 100세에는 분명 경이로운 수준에 도달했을 것이다. 마침내 110세가 되었을 때에는 점을 그리든, 선을 그리든, 내가 그린 모든 것이 살아 움직이게 되었을 것이다. 나만큼 오래 산 사람들이 내가 한 말을 지킬 수 있는지 볼 수 있었으면 좋았을텐데……."

오래 살기 위한 인류의
무모한 도전

신화나 전설뿐만 아니라 역사적으로도 오래 살거나 노화현상을 피하려는 시도가 수없이 시도 되었다. 19세기 말에 한 저명한 신경학자가 있었다. 그는 70세가 되었을 때 젊음을 유지하기 위해 동물의 고환 추출물을 자신에 몸에 주입했다. 그리고 사람들에게 수명을 연장하고 원기 회복을 하기 위해서 기니피그와 개의 고환에서 추출한 체액피하주사를 맞아야 한다고 주장했다. 이것이 발단이 되어 러시아 과학자 세르게 보로노프^{Serge Voronoff}도 노화의 원인을 내분비 기능의 저하라고 생각하고 사람에게 원숭이 고환을 이식하는 방법을 고안했다. 비슷한 시기에 미국 캔자스 주의 존 R. 브랭클리^{John R. Brinkley}라는 의사 역시 정력 회복을 위한 치료법으로 고령의 남성들에게 염소의 고환을 이식한 사건이 나라를 떠들썩하게 했다. 이들의 획기적인 시도는 현대에 이르러 남성 호르몬인 테스토스테론^{testosterone}을 사용하는 발판을 마련했다. 실제로 1930대에 스위스의 한 클리닉에서는 양 태반 추출물을 고가의 돈을 받고 환자들에게 주입했다고 한다. 그곳의 단골 고객으로는 처칠, 아이젠하워, 교황 피우스 12세가 있다고 전해지나 이는 확인된 사실은 아니다.

60세 남성들의 부신, 즉 좌우 신장 위에 한 쌍이 있는 내분비기관에서 분비되는 호르몬 수치는 30대와 비교했을 때 채 절반도 되지 않는다. 뇌하수체에서 분비되는 성장호르몬은 조직과 기관의 기능이 유지되도록 보조한다. 이렇게 호르몬 분비가 감소되면 일부 노화현상이 일어날 수 있다. 테스토스테론이 낮아지면 피로감, 우울증, 발기부전과 같은 증세가 나타난다. 테스토스테론, 에스트로겐^{estrogen}, 프로게스테론^{progesterone}을 포함한 수많은 호르몬을 임상실험 한 결과 인간 노화와 관련된 생리적인 변화를 개선하는 것으로 나타났다. 하지만 어떤 호르몬도 노화 속도를 획기적으로 늦추거나, 멈추게 하는 증거는 발견되지 않았다. 그런데도 호르몬 보충제를 만드는 제약 회사는 마치 호르몬으로 노화 속도를 늦출 수 있는 것처럼 과대광고를 한다. 하지만 그들이 주장하는 수많은 효과는 대부분 과학적으로 확실하게 증명된 것이 없다.

만약에 모든 질병을 정복하면 현재 인간의 기대수명인 80세에서 약 15년 정도가 연장될 것이라는 주장이 있다. 그러나 실제로 이것이 현실화되기 위해서는 세포와 조직의 노화 과정도 함께 감소해야 할 것이다. 확실하게 말하지만, 과학적으로 증명된 장수의 비법은 아직까지 나타난 바가 없다. 아마 앞으로도 그럴 것이다.

그러나 꾸준히 운동을 하고 몸에 좋은 식단을 섭취하는 것이 건강한 삶을 오랫동안 유지하는 방법임은 분명하다. 하버드대학에서 30년 동안 1만 7천명의 남성을 연구한 결과, 적당한 운동은 인간의 수명을 1~2년 정도 연장시킨다고 한다. 또한 운동은 몸을 날씬하게 만들며, 스트레스를 감소시키고 심장 혈관 능력을 좋게 한다.

식단 조절 역시 중요하다. 동물 실험을 한 결과 소식小食이 수명을 연장시키는 데 상당한 영향을 미친다고 나타났다. 쾌적한 환경에서 사료를 일반 쥐보다 절반 정도를 먹은 쥐가 약 40퍼센트 정도 오래 살았다. 이들은 평균 쥐보다 500일 가량을 더 산 것이다. 암컷의 경우 먹이의 양을 줄이니까 생식 능력을 상실하는 나이가 18개월에서 30개월로 늘어났다. 일본의 오키나와는 전세계적으로 가장 많은 고령자들이 살고 있는 곳이다. 실제로 이들은 일본인들의 평균 식사량보다 약 20퍼센트를 적게 섭취한다. 어린이들도 평균 권장량보다 3분의 2 정도 적게 먹는다. 이런 식습관 덕분인지 오키나와 주민들은 뇌졸중, 심장질환과 암으로 사망하는 경우가 일본 전체 사망률의 약 3분의 2밖에 되지 않는다. 또한 이곳의 60세 이상 노인의 사망률은 일본 평균 사망률의 절반 정도이다.

그러나 무조건 적게 먹는다고 해서 오래 사는 것은 아니다. 비타민, 미네랄과 같은 필수 영양소는 반드시 섭취해야 한다. 적게 먹는 대신 필요한 모든 것을 골고루 섭취하는 것이 중요하다. 하지만 현대 사회에서 칼로리를 줄이는 것은 매우 어려운 일이다. 성인이 하루에 섭취해야 하는 양이 2,000칼로리인데 맥도널드 빅맥 세트의 칼로리가 1,000칼로리에 육박한다. 이런 까닭에 요즘은 서양인들도 문제 의식을 느끼고 채식 위주의 식단인 동양의 식단을 점차 받아들이고 있는 상황이다.

인류의 수명을 늦추기 위해서는 치매, 그중에서 특히 알츠하이머 예방책을 찾는 것이 급선무 되어야 한다. 현재 65세 이상의 고령자 중 20명에 1명 꼴은 알츠하이머병으로 고통받고 있기 때문이다. 알츠하이머병을 예방하기 위한 수많은 방안들이 나오고 있다. 그 중에서 몇 가지 검증되어 있는 방법도 있는 것 같다. 전문가들은 나이가 들어도 일을 멈추지 말아야 한다고 전문가들은 주장한다. 만약 나이 들어서 은퇴 시기보다 5년 이상 일을 더 한다면 치매에 걸릴 확률이 줄어든다고 한다. 그러나 다른 한쪽에서는 교육 수준이나 직업의 종류와 알츠하이머병이 발병하는 이유는 서로 상관이 없다고 말하기도 한다.

그리고 꾸준한 운동과 과일, 채소, 시리얼, 생선 위주의 지중해식 식단을 병행할 경우 알츠하이머병에 걸릴 위험이 60퍼센트나 줄어들었다. 특히 가금류보다는 생선을 먹는 것이 건강에 이롭다. 예전에는 블랙커피가 알츠하이머병을 예방에 도움이 된다고 알고 있었으나 최근 커피의 카페인이 알츠하이머병에 직접적인 영향을 미친다는 연구 결과가 나왔다.

결과적으로 오랫동안 건강하게 살고 싶다면, 나이 듦을 긍정적으로 받아들이는 마음가짐이 가장 중요하다. 영국의 한 조사기관에서 18세에서 49세의 사람들에게 노화에 대한 부정적인 견해를 얼마나 동의하는지 설문지를 작성하게 했다. 그리고 30년이 지난 후에 설문 대상자들이 어떻게 살고 있는지 추적 조사를 하자, 당시 노화에 대한 부정적인 견해를 갖고 있던 사람들 중에 25퍼센트 이상이 노인성 질병에 시달리고 있었다. 반면에 긍정적인 생각을 갖고 있던 사람은 비교적 젊고 건강한 삶을 살고 있었다. 그리고 8년이 지난 후에 다시 조

사를 해보니 긍정적인 사람들이 심장질환으로 사망할 확률이
부정적이었던 사람들보다 30퍼센트나 낮은 것으로 나타났다.

인간 수명 연장과
노화의 속도는 다르다?

　　　　　　한 수도원에서 장수한 수녀들을 뇌를 연구
했더니 정신적 활동이 수명 연장에 긍정적인 역할을 한다는
사실이 밝혀졌다. 더 놀라운 점은 그 수녀들의 뇌 속에서 알
츠하이머병의 유발 원인인 아말로이드 플라크가 발견됐다는
것이다. 노년의 삶에 대한 긍정적인 자기 암시가 의료기술로
혈압이나 콜레스테롤 수치를 낮추는 것보다 수명에 더 큰 영
향을 미친다는 사실을 알려준다.

　각각의 문화권과 종교는 인간의 수명을 늦추기 위한 독창
적인 방법을 저마다 연구해 왔다. 중국의 도교인들은 야생버
섯과 같은 신비한 식물을 섭취하는 전통이 수천 년 동안 내려
왔다. 인도의 승려들은 불멸의 삶을 살기 위해 오랫동안 수행
하고 방랑했다. 자메이카의 한 종교 중에 영적 변화를 통해서
육체가 불멸할 수 있다고 믿는 신비주의자들이 있다. 그들은
하나님이 심판의 날에 자신들이 아프리카의 시온산Mount Zion이
라는 곳에 가면 영원히 자유로운 삶을 누릴 것이라고 믿는다.

그들은 '불후의 삶'이라는 말을 쓰지 않고, 대신에 의식적으로 '항상 살아있는 삶'이라는 말을 쓴다. 그들은 죽기 직전까지도 유서를 쓰지 않고 죽음이라는 단어는 절대로 쓰지 않는다고 한다. 왜냐하면 죽음을 받아들이는 행위를 할 경우 영생의 기회를 포기하는 것이라고 믿기 때문이다.

몇 가지 특이한 경우를 예로 들었지만, 현재를 살고 있는 우리들도 노화현상을 방지하기 위해 온갖 종류의 약물과 건강 음식을 부지런히 찾아 먹고 있지 않은가? 수명 연장에 도움을 준다는 식품에 대한 다양한 보고서가 있다. 그 중에서 와인은 그 효능이 비교적 신빙성 있게 들린다. 하루에 와인을 반 잔씩 마신 사람은 그렇지 않은 사람보다 5년을 더 산다는 연구 결과가 나온 것이다. 레스베라트롤resveratrol은 와인이나 블루베리와 같은 적색 식품에서 발견되는 물질로 노화를 방지하는 기능이 있다고 알려져 있다. 실제로 식물 성분인 레스베라트롤이 선충이나 파리, 물고기의 수명을 연장시켰다는 연구 결과도 있다. 그러나 이것이 인간에게도 동일한 효과가 있는지는 아직 명확하게 밝혀지지 않았다.

노화현상, 그리고 나이로 인해 생기는 질병을 고치기 위한 의료 기술이 발달함에 따라 인류의 수명은 연장되었다. 하지만 근본적인 노화 과정은 바꾸지 못했다. 예를 들면 노화방지제가 함유되어 있는 건강보충제가 노화 속도를 늦추었다는 것을 과학적으로 증명할 만한 자료가 아직까지 없다. 미용 분야에서 주름과 기미 등의 노화현상을 억제하는 안티에이징 제품이 쏟아지고 있지만 이것 역시 노화를 늦추거나 멈추게 하지는 못한다. 한때 건강보조제에 새로운 바람을 일으킨 약이 있다. 미국에서 '불로장생의 영약'이라고 일컬으며 화제가 되었던 라파마이신rapamycin이다. 라파마이신은 장기 이식을 받은 환자의 면역체계를 억제시키고 일부 암을 치료하는데 사용된다. 또한 치매 치료에도 효과가 있다고 알려져 있다. 연구 결과 라파마이신이 선충과 초파리, 쥐의 수명을 연장시킨 것으로 밝혀졌다. 그러나 아직 임상실험이 진행되지는 않아서 많은 사람들이 기대하는 것처럼 인류의 수명을 10년 이상 늘릴 수 있게 좀더 신중하게 지켜봐야 할 것이다.

대부분의 과학자들은 현대 과학으로 수명은 어느 정도 연장시킬 수는 있지만, 노화를 직접적으로 막을 수 있는 방법이 아직까지 없다는 견해를 갖고 있다. 하지만 영국의 생물의학 노인학자 오브리 드 그레이Aubrey de Grey는 다소 다른 주장을 펼친다. 그는 노화를 예방할 수 있는 방법이 있다고 믿는다. '나이 듦으로 인한 죽음'이란 젊은이보다 나이 든 사람을 집중적으로 괴롭히는 어떤 원인으로 사망하는 것이라고 보았다. 그리고 인간의 수명은 계속해서 늘어날 것이며, 20년 내에 1,000살까지 살 사람이 분명히 나타날 것이라는 기대감을 표명했다.

여기서 우리는 조나단 스위프트의 《걸리버 여행기》에 나오는 스트럴드브럭Struldbrugg을 생각해 보아야 한다. 스트럴드브럭은 겉으로 보기에는 평범하지만 평생 죽지 않는 사람들이 사는 특이한 나라의 백성들을 가리키는 말이다. 이 나라의 백성들은 죽지는 않지만 계속 늙어갔다. 조나단 스위프트는 신화에 나오는 티토누스와 같은 영생의 참혹함을 묘사함으로써 사람들에게 경고의 메시지를 남긴 것이다. 스트럴드브럭은 30세가 되면서부터 본격적으로 기력이 떨어지고 노화가 시작한다. 그리고 80세가 되면 법적으로 죽음을 맞이하게 되고, 시력을 잃어서 눈은 보이지 않고 머리카락이 다 빠진다. 다음은 이들이 수많은 질병으로부터 고통 받는 모습을 묘사한 것이다.

이 사람들은 내가 지금까지 본 것들 중에서 가장 끔찍한 모습이다. 여성은 남성보다 훨씬 더 끔찍하다. 90세에 치아와 머리카락은 다 빠져버려 하나도 남지 않았고 맛은 아예 구별도 못한다. 즐거움이나 식욕도 없으면서 손에 잡히는 것은 무엇이든지 다 먹어치우고 마셔댄다. 대화를 나누면서도 흔한 물건 이름도 사람 이름도 기억하지 못했으며 심지어 제일 친한 친구도 가까운 친척도 몰라본다.

장례식을 볼 때마다, 자신들은 절대 가지도 못하는 곳인 휴식의 은신처로 사람들에 대해 탄식하며 슬퍼한다. 이 글을 읽는 사람들은 내가 여행 중에 듣고 본 것을 통해서 영생을 꿈꿨던 내 간절함이 많이 없어졌을 것이라고 믿을 것이다. 그동안 그려 왔던 영생의 즐거운 상상이 마음 속 깊이 부끄러워졌다. 그리고 어떠한 폭군도 내가 영생의 삶에서 느낄 수 있는 즐거움을 앗아 가도록 죽음을 만들어 낼 수 없다고 생각했다.

- 《걸리버 여행기》 중에서

미래에 인류는 몇 살까지 살 수 있을까?

현재 영국의 남성 평균 수명은 77세이며 여성은 82세이다. 현재 20대인 젊은 남성은 50대 남성보다 5년 정도 더 살 것이다. 35세 이상의 영국 시민 8명 중에 1명은 100세까지 살 것이다. 현재 영국 인구 6천 100만 중에서 90세 이상이 40만 명이다. 연금 수령자가 16세 이하의 아동보다 더 많은 것이다. 미국은 85세 이상 노인이 2050년이 되면 현재 400만 명에서 2천만 명으로 늘어날 것이라고 예측하고 있다. 현재 세계 인구의 10퍼센트가 60세 이상 인구이다. 하지만 2050년이 되면 전체 인구 중 20퍼센트를 넘게 차지하게 될 것이다.

중국은 지난 50년간 평균 수명이 41세에서 72세로 늘어났다. 현재 인구의 8퍼센트 이상을 차지하는 65세 이상 인구는 1억 명이다. UN에서는 이 수치가 2050년이 되면 4배 가까이 급증할 것이라고 예측한다. 이는 이미 의료 진단 서비스와 치료에 대한 수요 증가로 이어지고 있다.

고령화는 국내총생산GDP에도 영향을 미친다. 경제 활동 인구 감소로 인해 많은 국가들은 지속적인 경제 성장을 달성하기 힘들 것이다. 하지만 경제 발전과 혁신을 이끄는 것은 젊은이들만의 역할이 아니다. 풍부한 지식과 경험을 갖춘 노인들은 혁신을 실천하고 그 혁신을 바탕으로 시장성 있는 제품을 성공적으로 만들어갈 잠재력이 무한하다. 실제로 독일의 세계적인 인증기관 테크라에서 '혁신활동과 역량'에 대한 연구를 한 결과 젊은 직원과 나이 많은 직원 사이에 활발하게 정보 교류가 이뤄지고 있는 기업이 아이디어를 제품으로 연결시키는 비율이 훨씬 높았다.

하지만 대부분의 국가는 세대 간의 갈등이 점점 심해지고 있다. 이는 과거 대가족 시대에 지식과 지혜를 전수해주던 기성세대의 역할이 핵가족 사회로 가면서 점점 줄어들기 때문이다. 대신 인터넷의 엄청난 성장으로 인해, 청소년들은 연장자가 아닌 컴퓨터를 통해 지식과 정보를 습득한다. 인터넷의 확산으로 갈등이 점차 커지고 있는 것이다. 하지만 아직까지 대부분의 중년층은 이렇게 말한다. 할아버지 그리고 할머니 덕분에 인류가 살아남았다고……. 이 말을 잊지 않아야 한다. 불과 몇 년 뒤에 우리의 후손들에게 들을 말이기도 하기 때문이다.

8장

삶의 끝에서 멈춰서기

E N D I N G

"노년의 비극은 늙었다는 것이 아니라
한때 젊었다는 것이다."
- 오스카 와일드Oscar Wilde

지구는 지금 노인들로
넘쳐난다

인류 고령화는 전세계적인 현상이다. 지구는 지금 역사의 갈림길과 변화의 문턱에 서 있다. 2,000년 전에는 대략 25년이었던 인간의 수명이 21세기 초반에는 약 80년으로 늘어났다. 수명 연장의 주요 원인은 보건 의료의 개선, 백신과 항생제의 개발, 위생 시설의 발전과 더불어 삶의 질의 향상되어 영양 섭취가 개선되었다는 점이다. 이 모든 것들은 조기 사망의 원인이었던 전염병과 기생충으로 인한 질병을 예방하는 데 커다란 역할을 했다. 하지만 우리는 지금 인구의 수명이 연장되면서 생기는 문제점을 되짚어봐야 할 시점에 다가

섰다.

앞서 언급한 것처럼 현재 세계 인구에서 60세 이상의 노인은 11퍼센트이지만, 2050년에는 선진국의 60세 이상 노인이 인구의 4분의 1을 차지하게 될 것이다. 국민의 4명 중 1명은 연금수령자가 된다는 의미이다. 게다가 앞으로 10명 중 1명은 80세 넘게 살 것이다. 현재 25세가 된 사람 중 70만 명은 100세까지 살 것이며, 갓 태어난 신생아들은 절반이 100세까지 살 것이다. 하지만 신체는 여전히 과거와 같은 속도로 노화하고 있다. 보행보조기에 의지하는 고령자의 사람들이 사회의 중심을 이끈다는 의미의 '짐머 프레임 사회zimmer frame society'에서 어린이들은 75세 이상의 노인들보다 훨씬 적은 수일 것이다.

사회는 고령화 사회에 어떻게 적응을 해나가야 할 것인가? 많은 사람들이 노인 인구가 증가한다고 해도 안전, 보안, 생활수준, 건강, 직업, 교육의 기회에 미치는 영향은 거의 없다고 예측하고 있다. 하지만 일부에서는 노인 인구의 증가가 경제에 부정적인 영향을 미칠 것이라고 예측했다. 또 우리가 주목해야 할 부분은 선거에서 투표권을 가진 인구의 3분의 1이 65세 이상의 고령층이 될 것이라는 점이다. 이들은 그들이 가진 권리를 행사하여 훨씬 더 많은 재정적 지원을 받기 위해 노력할 것이다.

물론 지금의 고령자들은 지난 시간 동안 경제적인 이득 면에서 커다란 성과를 거두게 한 핵심 세력들이다. 1970년 후반 미국의 GDP가 50퍼센트나 증가한 까닭도 바로 수명 연장 때문이다. 그렇기는 하지만 그들로 인해 지금 당장 해결해야 하는 심각한 경제적 문제들도 양산되었다. 영국의 일간지 〈이코노미스트Economist〉는 고령화 사회가 경제에 미치는 영향을 '천천히 타는 연료'와 같다고 묘사했다. 또한 영국을 비롯한 유럽 국가에서 고령자에게 나가는 지출이 지금의 경제 침체보다 더 심각한 문제가 될 것이라고 우려의 소리를 높혔다. 고령자들은 정부가 자신을 위한 예산안을 확장하기를 원한다. 하지만 이미 이들에게 들어간 예산이 한 해에 70억 파운드나 된다. 또한 2009년에 노인 근로자들의 은퇴로 손실된 경제생산량은 약 35억 파운드이다. 연금, 사회 보장 제도, 근로 수명에 대한 개념이 재정비 될 필요가 있다.

이제 인류는 평균 기대수명이 약간만 증가해도 그 수가 크게 증가한다. 그리고 이것은 많은 논쟁거리를 안고 있다. 어쩌면 인구 수가 거대해지는 것을 막기 위해 생식의 형태가 바뀌어야 할지도 모른다. 그렇기 때문에 수명 연장으로 인한 기술 진보가 공평하게 분배되어서 소수의 특권층에게만 돌아가게 해서는 안 된다.

아마도 멀지 않은 미래에 일본과 영국을 비롯한 선진국들은 노인을 보호하는 거대한 요양원이 될 가능성이 크다. 또한 도시에만 인구가 집중되고, 이혼률이 높아지면서 가족 간의 유대감은 약해질 것이다. 이렇게 되면 결혼이나 동거를 하지 않고 혼자 거주하는 노인 수가 많아질 것이다. 이것은 주택 문제에도 심각한 영향을 미친다. 점점 젊은이들은 집을 구하기 어려워질 것이기 때문이다.

얼마 전 영국을 일간지 〈인디펜던트Independent〉지에서는 고령 인구를 사회의 가장 위협적인 존재로 표현을 했다.

"침략, 화산 폭발, 예기치 못한 전염병 중에 그 어느 것도 고령화에 대적하지 못한다. 고령화 문제는 사회 전체에 깊숙이 영향을 미칠 것이다. 이 문제는 경제 성장, 노동 시장, 세금, 부동산, 건강, 가족 구성원, 주택, 대규모 인구 이동을 포함한 삶의 곳곳에서 영향력을 미칠 것이다. 그리고 갑자기 사회에 고령화가 진행되면서 생겨나는 문제인 '인구학적 에이지 웨이크age quake'는 이미 시작되었다. 고령 인구, 즉 65세 이상의 노인이 높은 비중을 차지하는 나라는 모나코, 이탈리아, 일본 순이다. 앞으로 40년이 지나면 세계 인구의 평균연령은 현재 28세에서 38세로 높아질 것이다."

미국은 장수 혁명longevity revolution 시대가 코앞으로 다가왔다. 현재 미국 인구의 12퍼센트가 고령자들이며, 앞으로 2030년이 되면 그 수가 두 배가량 늘어날 것이다. 미국인의 평균 연령이 나이가 들면 그에 따른 다양한 요구는 예상치 못한 분야에 광범위한 영향을 미칠 것이다. 이처럼 인구의 고령화가 심각한 문제점을 갖고 있는 것이 사실이다.

스스로 부양을
해야 하는 세대

돌스토이의 단편집에 까마귀와 세 마리 새끼에 대한 이야기가 나온다.

까마귀가 섬에서 육지로 새끼를 한 마리씩 옮기고 있었다. 옮기는 도중에 까마귀가 첫째에게 물었다.

"만약 내가 늙어서 날지 못하면 누가 나를 옮겨주지?"

그러자 첫째 까마귀가 대답했다.

"저요."

그러자 아빠 까마귀는 첫째 까마귀를 바다에 떨어트렸다. 그리고 둘째 까마귀를 옮길 때에도 같은 질문을 했다.

"아버지가 늙으면 제가 아버지를 옮겨 드릴게요."

둘째가 대답했지만 또다시 까마귀는 바다에 떨어트렸다. 마지막으로 막내 까마귀는 이렇게 대답했다.

"아버지, 아버지는 늙으시면 스스로 부양하셔야 합니다. 왜냐하면 저는 제 가족을 돌봐야하기 때문입니다."

그러자 아빠 까마귀가 말했다.

"너는 진실을 말했구나."

그리고는 막내 까마귀를 무사히 육지로 옮겨주었다.

오늘 날 사회에서 요구하는 노인을 부양하는 정해진 방법은 없다. 사회와 문화마다 차이가 있고, 시간에 따라 변화해 왔지만 일반적으로 부모가 늙으면 자식이 부양을 한다. 고대 그리스에서는 노인을 부정적으로 보기는 했지만 한편으로는 자식이 부모와 조부모를 부양하는 것이 신성한 의무였다. 이 것을 제대로 이행하지 않는 사람들을 법으로 엄격하게 처벌했다. 고대 로마 시대의 노인들은 가족이라는 울타리 안에서 특권을 누렸다. 결혼을 하기 위해서는 집안 어른의 동의가 반드시 필요했다.

하지만 점차 수명이 늘어나고 노화에 따른 질병이 많아지면서, 자녀들은 부모를 공경해야 한다는 책임감이 더욱 늘어나고 있다. 노화가 노인들의 자립적인 생활을 더 어렵게 만들고 있는 것이다. 노인을 위한 전용 요양원이나 실버타운 등이 생겨나고 있지만 여전히 특권층을 위한 전유물로 여겨지는 것이 현실이다. 정부에서 운영하는 무료 요양원은 시설이 매우 빈약하고 비위생적인 것이 대부분이다. 집안에서 간병인을 고용하는 것도 쉽지 않은 일이다.

현재 영국에는 부양해줄 가족이 없이 혼자 사는 노인이 전체 노인 수의 3분의 1이나 된다. 이혼률 증가로 한부모가정이 많아지면서 전통적인 가족 형태가 해체되고 있는 것이다. 이에 대한 대책 마련이 매우 시급하다.

노인의 수가 경제에
미치는 영향

기대수명이 늘어나면서 사회에 미치는 문제점을 분석할 때에는 인구 연령 구조 변화가 경제에 미치는 영향이 반드시 포함되어야 한다. 특히 노동 인구 구조 비율의 변화가 어린이와 노인에게 미치는 영향을 분석해야 한다. 기대수명이 증가하던 초기 단계에는 노동 인구가 증가함에 따라 경제 성장에 대한 기대감이 높아졌다. 하지만 점차 사람들은 수명이 연장될수록 재정적인 도움이 필요하다는 것을 알게 되었다. 고령자를 위해 근로 기간을 연장하고, 사회보장제도를 확대하고, 소비를 줄이는 등의 방안을 마련해야 했다. 하지만 이것만으로는 해결하는 데 한계가 있다.

사람의 수명이 늘어난만큼 경제적인 수준을 유지하기 위해서는 노동 기간이 늘어나야 한다. 조사한 바에 따르면 현재 55세 이상의 사람들은 대부분 갚아야 할 대출금이 남아 있으며, 부모 부양과 자식 양육을 위해 저축한 돈이 얼마 되지 않는다.

고령화 사회의 고리는 악순환이 될 것이다. 젊은이들은 노인을 부양해야 하는 책임이 커진다. 현재 고령자 1명을 부양하는 근로자는 평균 4명이지만, 앞으로는 2명으로 줄어들 것이다. 출산율이 줄어드는 것도 고령화 사회와 긴밀한 관계가 있다. 이는 여성의 사회생활이 활발해 진 탓도 있지만 한편으로는 고령자의 부양해야 한다는 부담이 예전에 비해 커졌기 때문이다.

세계 인구의 나이는 무엇이 잘못되었을까? 어떤 나라는 노인의 수가 너무 많고, 반면에 어떤 나라는 어린아이가 너무 많다. 선진국은 고령자 수의 증가로 인한 여러 가지 문제에 직면하고 있지만, 후진국은 15세 미만의 인구에 대한 중압감을 받고 있다. 이 두 상황 모두 이상적인 것은 아니다. 이 두 상황의 나라들이 당면하고 있는 과제는 인구 연령의 차이에 따른 경제적 수요를 대처하는 데 필요한 방법을 찾는 것이다.

영국의 대부분의 젊은이들은 노후에 대한 계획을 세우지 않고 있다고 한다. 정부는 퇴직 이후의 삶을 유지하기 위한 저축을 하지 않는 인구가 1,300만 명이라고 밝혔다. 그 결과 매년 약 7만 명의 사람들이 정기요양비용을 대기 위해 집을 팔고 있다. 45세부터 75세의 사람들에게 노후에 가장 걱정되는 것이 무엇이냐고 질문하자 절반 이상은 장기요양에 발생하는 비용 문제라고 대답했다.

한편, 중국 인구 역시 빠른 속도로 노화하고 있다. 이것은 30년 전 중국 정부가 인구 감소를 위해 '1가구 1자녀' 정책을 시행한 결과이다. 이 정책으로 현재 매우 심각한 문제에 직면해 있다. 형제자매가 없는 자녀가 성인이 되면 두 부모님과 병약한 조부모 네 분을 모셔야 하는 책임을 지게 된다. 중국의 대내외적으로 이 '4-2-1 현상'에 대한 우려의 목소리가 커지고 있다. 이들은 부모와 조부모를 부양해야 하는 비용을 과연 앞으로 어떻게 충당해야 할까?

1950년 일본은 100세가 넘은 고령자가 수가 97명에 불과했는 데, 2008년에는 36,726명으로 늘어났다. 100세까지 사는 것은 더 이상 기적이 아니다. 100세인은 최고령에 해당하는 인구 중의 하나일 뿐이다. 65세 이상의 노인 1명을 부양하기 위한 근로자는 3.4명이며, 2050년에는 그 수가 1.3명으로 줄어들 것이다. 이렇게 일본에는 세계에서 가장 빨리 고령화에 접어들었음에도 불구하고 노인복지시설이 턱없이 부족하다. 엎친 데 덮친 격으로 경제 침체기로 인해 실업자 수가 300만 명이 육박해지면서 문제는 점차 커지고 있는 실정이다.

죽음 앞에 놓인 나와
나의 가족

　　　　　누구나 죽는다. 하지만 죽음은 사람들에게 두려움과 공포를 불러일으키는 말이기도 하다. 사람들은 이 말을 가볍게 사용하는 것을 꺼리며, 생각하는 것조차 매우 불쾌해 한다. 하지만 죽음은 피한다고 비켜가거나 살아지는 것이다. 생명체라면 언제든 맞이하게 되는 것이 바로 죽음이다.

　그렇다면 좋은 죽음을 맞이하기 위해서 어떤 준비를 해야 할까? 먼저 긍정적인 마음가짐이 중요하다. 한 저명한 학자는 '잘 죽는 방법을 모르는 사람은 인생을 형편없이 산다'라고 했다. 죽음은 생각보다 천천히 오기 때문에 이 시기를 잘 보내야 한다. 심리학자인 칼 융은 '사람이 노력해서 이룰 수 있는 목표를 죽음에서 찾는 것은 건강에 좋다. 죽음을 겁내는 것은 인생의 후반기에 달성할 수 있는 목적을 빼앗아가는 비정상적이고 불건전한 행위이다'라고 말했다. 죽는 것을 두려워하는 데 시간을 낭비하며, 정작 필요한 것은 하지 못하는 사람들의 정신을 일깨워주는 말이다.

　사람들이 죽는 이유는 무엇일까? 노화 그 자체가 죽음으로 이끄는 것일까? 죽음의 원인 중 3분의 1은 불의의 사고로 일어난다. 그리고 나머지는 잘 알려지지 않았지만 대부분 질병에 걸려 사망한다. 노환으로 죽는 사람은 없다. 하지만 노화는 인간의 신체가 질병으로부터 이겨낼 수 있는 힘을 무력하게 한다. 65세 이상의 사람의 사인死因이 질병에 걸렸기 때문이라도, 그 원인이 노환에 있다는 건 누구나 알고 있다. 하지만 의사들은 사망진단서에 사망 원인을 '노환'으로 잘 표기하지 않는다.

매우 건강하게 살다가 갑자기 집에서 사망한 40명의 백세인들을 부검한 결과, 공통적인 사망 원인이 한 가지 발견되었다. 심장에서 보내는 혈액이 이동하는 혈관인 대동맥이 파열되면서 죽음으로 이어졌다는 사실이 발견된 것이다.

약 2,000년 전 고대 로마제국의 황제이자 스토아학파의 철학자였던 마르쿠스 아우렐리우스Marcus Aurelius는 이렇게 말했다

"사람이 얼마나 순간적이고 보잘 것 없는지를 봐라. 어제는 엄마 뱃속에 있다가, 내일은 관 속의 시체나 먼지로 사라진다. 죽음은 언제부터 시작될까? 아마 태어나는 순간일 것이다."

남녀를 막론하고 65세 이상 고령자가 사망하는 주요 원인은 심혈관계 질환과 암이다. 그러나 죽음의 원인은 시대에 따라 다소 차이가 있었다. 1900년대 미국에서 죽음의 원인은 대부분 전염병 때문이었다. 그러나 1940년에는 심장질환과 암, 뇌졸중이었으며, 2004년에는 심장질환과 암 때문에 사망했다. 1980년대 이후로 65세 이상의 사망률은 줄어들었지만 50세부

터 64세까지의 사람들의 사망 원인은 젊은이들과 별 차이가 없었다.

노환으로 인해 걸리는 병은 환자와 가족들에게 매우 큰 고통을 안겨준다. 특히 암과 치매는 고통 그 자체라고 표현할 수 있을 것이다. 대부분의 나라에서 노인을 위한 자발적인 안락사 문제가 뜨거운 논쟁을 낳고 있지만 아직 많은 나라에서 법적으로 금기시키고 있다. 하지만 치매에 걸려 오랫동안 고생을 하다가 세상을 떠난 환자를 보면 가족들은 오히려 마음의 평안함을 찾는다. 자신의 부모가, 혹은 배우자가 더 이상 고통 받지 않는 사실만으로도 그들은 다행으로 여기기 때문이다.

죽음과 질병의 고통과 불안을 최소화하기 위한 노력이 정부 차원에서 이뤄져야 할 것이다. 죽음에 임박한 환자의 임종을 지켜봐주고 도움을 줄 호스피스 병동 시설을 늘려야 한다. 이것은 환자의 불안함을 최소한으로 줄이고 안정감을 갖게 해주는 데 큰 역할을 한다. 또한 슬픔에 잠긴 환자의 가족을 대신해서 여러 가지 도움을 주기 때문에 이 시설은 많은 이들의 호응을 얻고 있다.

또 어떤 이들은 자신의 집에서 죽음을 맞이하기를 원한다. 오랫동안 살았던 그곳에서 마지막을 보내고 싶어하기 때문이다. 그러기 위해서는 전문 간병인이 필요하다. 이들을 교육시키는 과정을 증설하여 체계적으로 양성해야 한다. 모순되는 일이기도 하지만 이러한 정부의 지원은 일자리를 창출하는 데에도 도움이 될 것이다.

죽음이 언제나 고통스러운 것은 아니다. 나는 많은 사람들이 고령의 나이에 평안하게 세상을 떠나는 모습을 종종 보아 왔다. 고통 속에서 죽음을 맞이하든, 평안하게 죽음을 맞이하든, 우리는 항상 죽음을 준비하고 있어야 한다. 영원한 삶은 없다. 우리는 언젠가는 죽으며, 죽기 직전까지 행복하게 살아야 할 권리가 있다.

9^장

책은 끝이 나지만

ENDURING

"책은 끝이 나지만
계산해야 할 것은 네 인생의 숫자나 나이가 아니라
네 나이만큼 살아온 인생이다."
- 아브라함 링컨Abraham lincoln

고령화 문제는 전 세계적으로
해결해야 할 사안이다!

　이 책을 쓰는 동안에 나는 천천히 늙어가고 있었다. 그리고 죽음이 내 앞으로 성큼 다가와 있다는 것을 알게 되었다. 나는 지금 내 몸과 마음이 어떻게 변하고 있는지 생각할 시간이 충분했다. 여든 살이 지났지만 난 아직 내 치아로 음식을 씹을 수 있고, 무릎이 조금 시큰거리긴 하지만 산책을 할 기력은 아직 남아있다. 기억력은 희미해졌지만 반대로 정신력은 점점 강해지는 걸 느낀다. 주름이 자글자글한 손등은 검버섯이 잔뜩 앉았지만, 글씨를 쓰는 데는 별 문제가 되지 않는다. 머리카락은 거의 빠지고 남은 것들은 하얗게 변했지만, 난 앞으로도 염색을 하지 않을 생각이다. 난 흰머리가 좋다. 제자들이나 손자손녀들에게 나에 대한 존경심을 더 갖게 하기 위해 이처럼 좋은 도구는 없는 것 같다.

　이 책을 쓰면서 의외로 많은 노인들이 심각한 문제에 직면해 있다는 걸 알게 되었다. 이전까지 나는 노인 부양 문제의 심각성과 도움을 필요로 하는 노인들이 얼마나 많은지 미처 모르고 살았다. 사회 곳곳에서 일어나고 있는 노인 차별이라든지 정년제가 끼치는 부작용을 알지 못했다. 그리고 많은 사람들을 인터뷰하면서 초고령의 나이에도 불구하고 자신의 나이를 잊은 듯 노년의 삶을 즐기는 사람들을 보고 매우 감명받았다. 나는 노인과 관련된 모든 문제를 해결하게 위해서는 자선단체들이 앞장서야 하며 정부는 이들에게 아끼지 않고 지원을 해야 한다는 생각을 갖게 되었다.

　노화의 생물학적 특성을 알아가는 과정은 놀라움의 연속이었으며 특히 노화와 관련된 진화론적인 내용은 인상 깊었다. 진화에 따르면, 인간은 생식을 하며, 노화는 생식이 끝난 후 오는 신체 마모의 결과이다. 그러나 세포 마모에 대해서는 여전히 배울 게 많았다. 생식세포가 노화하지 않는 이유를 자세히 알아야 할 필요가 있었다. 인슐린 신호와 관련된 것과 같이 많은 동물은 수명을 연장할 수 있는 놀라운 시스템을 갖고 있는 것이다. 물론 지금까지 밝혀진 바에 의하면 인간 노화에 있어서 그것들의 역할은 분명하지 않다. 현재 인간을 불멸의 존재로 만들어 주거나 수명을 150세까지 연장해 줄 수 있는 방법에 대한 실질적이고 과학적인 방법은 전혀 없다. 그리고 우리가 실제로 노화의 영향을 전혀 받지 않는다면 정말로 그것을 원할까? 노화의 영향을 줄이는 방법을 찾는 것이 훨씬 더 중요하다. 특히 치매와 같은 질병에서 자유로울 수 있도록 말이다. 보건복지부에서 〈노인을 위한 예방책〉이라는 보고서를 내놓긴 했지만 정치인들은 노인 문제에 지금보다 더 많은 관심을 쏟아야 한다. 그나마 많은 사람들에게 희망이 되는 희소식은 영국 정부가 정년제를 폐지하기로 했다는 것이다.

또한 내가 인식하고 있지 못했던, 노인 인구의 증가로 발생하는 주요 경제 문제가 있다. 나는 리처드 수즈만 박사에게 조언을 얻었다. 그는 미국의 국립보건연구소National Institutes of Health에서 노화에 관한 국립연구소의 행동적·사회적 연구 프로그램의 담당자이다. 그의 견해는 이 연구에 유익한 결론을 제공한다.

"인구 고령화는 전세계적인 현상입니다. 우리는 역사적인 갈림길과 변화의 문턱에 서 있습니다. 앞으로 5년이 지나기도 전에 역사상 처음으로 65세 이상의 노인들이 5세 미만의 어린이보다 많아질 것입니다. 이러한 현상은 앞으로 다가올 역사 내내 계속 될 것이라고 예상하는 사람도 있습니다. 그리고 똑같은 현상이 65세 이상과 15세 미만의 비율에서도 일어날 것입니다. 앞으로 수십 년이 지나면 후진국도 선진국과 마찬가지로 노인 인구가 빠르게 증가할 것입니다. 이에 따라 출산율의 감소와 기대수명의 연장으로 전 세계가 고령화 현상이 일어날 것입니다. 앞으로는 예전처럼 출산율의 증가를 기대하기 어려울 것이고 기대수명의 증가 역시 멈출 것 같지 않습니다. 미국은 이민 정책과 높은 출산율 덕분에 유럽의 나라에 비해 젊은 측에 속하지요. 하지만 인구 고령화는 어느 나라에서건 피할 수 없는 문제입니다. 이제 정부와 국민은 힘은 합쳐서 직장을 은퇴하고 노년이 된 이들을 지원하는 방법을 모색해야 합니다. 어느 누구도 퇴직 연령이 되지 않는 대안은 덜 환영 받을 것입니다."

　여러 번 언급했듯이, 가장 중요한 문제는 경제 분야이다. 수명 연장은 환영할 만한 일이지만, 늘어난 만큼의 삶을 잘 살기 위해서는 재정적 지원 문제가 해결되어야 한다. 중요한 것은 '잘 산다'라는 데 있다. 이것은 여러 가지 방안으로 해결될 수 있다. 근로 기간을 연장하거나, 소비를 줄이고, 노후를 위해 더 많이 저축하고, 노년에 덜 소비하는 것이다. 정부는 은퇴자(또는 사회의 또 다른 부양 구성원인 어린이) 지원을 위해서 근로자들의 세금을 올리고, 경제 규모를 늘리고, 노동 연령에 속하는 사람들의 이민을 장려하는 정책 등을 세울 수 있다.

중요한 것은 노동 인구와 노동 인구가 부양하는 연금수령인들의 비율이다. 지속적인 경제 성장과 미래 세대의 행복에 균형을 맞추는 수밖에 없다.

인구 고령화로 인한 경제 성장과 재정 문제는 둘째 치고, 나는 기대수명보다 평균건강수명이 늘어나야 한다고 생각한다. 건강은 신체와 인지 기능 장애와 관련이 깊으며, 특히 산업 국가에서 빠른 속도로 증가하고 있는 85세 이상의 '초고령 노인'에게 가장 중요한 문제이다. 여기서 중요한 것은 고령과 장애는 고정불변의 관계가 아니라는 점이다. 20년 동안 미국에서 노인들이 많이 걸리는 노인성 질병의 발병은 25퍼센트 정도 감소했지만 비만 인구의 증가로 이러한 긍정적인 현상이 아무 짝에도 소용없어졌다.

미국 국립보건원 소속의 국립노화연구소의 목표는 노년의 건강과 행복 두 가지를 모두 만족시키는 것이다. 주관적인 행복을 측정하는 과학적 방법이 개선된다면 나는 거기에 최대 행복을 더하고 싶다. 영국의 경우, 전체적으로 볼 때 종교와 사회 계층에 따라서 예측하는 기대수명은 크게 차이난다. 미국은 내부 계층은 그 차이가 훨씬 더 심하다. 우선적으로 이러한 불평등이 사라질 수 있도록 노력해야 한다.

불평등은 건강 관리에 대해서도 말할 수 있을 것이다. 서서히 진행되는 비만은 당뇨 수치를 높이고 신체 기능 장애를 가져올 가능성이 크며 장기간의 간병이 필요할지도 모른다. 예를 들면, 현재까지는 치매나 알츠하이머병을 확실히 예방할 수 있는 방법이 없었을 뿐더러 실험적으로 입증된 방법도 없다. 앞으로도 이 질병의 발병을 예방하거나 지연하는 방법을 찾기 위해서 지출하는 비용은 경제적으로 어마어마할 것이다. 나는 정부가 그 문제를 해결하기 위한 연구비용 책정과 이것을 가로막고 있는 쟁점을 어떻게 균형을 맞추는지 궁금하다.

나는 알츠하이머병의 예방과 지연 그리고 치료 방법이 몇 년 안에 발견되기를 희망한다. 재원이 상대적으로 적은 나라는 자국의 인구학적 미래에 대한 심각성을 깨닫고 미래를 위한 정책을 시행해야 할 것이라고 생각한다. 인간의 신체에 침입하는 질병을 막으면 우리의 기대수명은 공식적인 예상보다 훨씬 더 연장될 것이다.

아마도 독자들은 모든 생명체의 노화현상을 부분적으로 이해하게 되었을 것이다. 조만간, 어쩌면 몇 년 안에 과학자들이 생물학적으로 부정적인 영향을 끼치지 않고 노화 속도를 늦추는 방법을 발견할지도 모른다. 이것은 사람과 사회의 존속을 결정짓는 핵심적인 이슈가 될 것이다.

65세 이상의 노인들 10명 중 7명은 정치인들이 노인에게 우선순위를 낮게 매긴다고 믿고 있다. 영국 전 보건복지부 장관 앤디 번햄Andy Burnham의 말에 따르면, 노인 복지에 관련된 법이 노인 인구의 요구를 수용할 수 있도록 개정해야 한다고 했다. 이렇게 되면 더 많은 간병이 필요하며, 간병의 많은 부분이 지역 사회로 넘어갈 수 있다. 덧붙여서 노인들이 집을 팔고 저축한 돈을 간병에 모조리 지출하는 것을 예방하기 위한 조치를 세워야 한다. 경제적인 여유가 되는 사람들은 퇴직 보험을 가입해서 나이 들어 문제가 생겼을 때 완벽하게 보장받을 것이다. 현재 영국의 에이지 UK는 정부와 모든 정당들에게 연금수령자의 빈곤을 없애고, 모든 형태의 노인 차별을 금지시키고, 노인들에게 양질의 간병과 지원을 보장함으로써, 노화현상을 탈바꿈하기 위해서 힘쓰고 있다.

우리 사회가 노인 간병이나 의료비용을 해결할 만한 여유가 있을까? 노인들의 삶의 질을 개선하기 위한 방안들이 모두 달성된다고 하더라도 고령화 사회의 기본적인 경제적 문제는 영국이나 그외 다른 나라에 그대로 남아있을 것이다. 그렇기 때문에 우리는 노화에 대한 더 많은 연구를 통해서 나이와 관련된 질병을 다룰 수 있는 방법을 찾아야 한다.

죽음 직전까지의 삶은
내가 결정할 것이다

죽음은 많은 준비를 필요로 한다. 2,000년

전, 고대 로마의 철학자 루키우스 세네카Lucius Annaeus Seneca는《인생, 운명에 관한 글》에서 '인간은 항상 시간이 모자란다고 불평을 하면서 마치 시간이 무한정 있는 것처럼 행동한다'고 말했다. 또한 '잘 죽는 방법을 모르는 사람은 인생을 형편없이 산다'라고 덧붙였다. 이 말은 역사상 가장 오래 살고 있는 우리들에게 교훈을 준다. 처칠이 80세가 되었을 때 "볼 수 있는 모든 것을 보았기 때문에 죽음을 상관하지 않는다"라고 말한 것처럼 죽음 앞에서 덤덤함을 가져야 한다. 영국의 저널리스트이자 작가인 버지니아 아이론사이드Virginia Ironside 역시 죽음에 대해 긍정적인 견해를 갖고 있었다. 그녀는 다음과 같이 말했다.

"죽음은 손자 손녀를 볼 수 있는 것과 마찬가지로 대단히 신선하고 흥미로운 노년의 특권이다. 60세가 넘으면 죽음에 익숙해진다. 죽음을 두려워하거나 무서워한다 해도 아무런 소용이 없다. 사람들은 친구가 죽을 때 친구의 손을 꼭 잡는다. 하지만 그들은 무엇을 기대했을까? 영원한 삶? 우리가 원하지 않는 것은 죽음이 불시에 닥치는 것이다. 나는 사람들이 휴가를 떠나는 날 공항으로 가는 차가 집에 도착했을 때 그제야 짐을 싸는 멍청이가 되지 않기를 바란다. 죽음을 방문해라. 자신의 몸을 들여다보라. 유서를 써라. 죽음을 받아들여라. 죽음은 모험이다."

칼 융^{Carl Jung}은 죽음에 대해 다음과 같이 말했다.

"사람이 노력해서 이룰 수 있는 목표를 죽음에서 찾는 것은 건강에 좋다. 죽음을 겁내는 것은 인생의 후반기에 달성할 수 있는 목적을 앗아가는 비정상적이고 불건전한 행위이다."

나는 언젠가 죽을 것이다. 그 순간은 바로 지금이 될 수도 있고, 몇 십 년 후가 될지도 모른다(물론 100세가 넘게 산 과학자라고 이름을 남기는 것도 나쁘지 않다고 생각한다). 죽음의 순간은 내가 선택할 수 없는 문제지만, 죽기 직전까지의 삶은 내가 결정한다. 우리 모두는 지금보다 훨씬 더 많이 죽음에 대해서 깊이 생각해야 한다. 지금 이 순간, 나는 너무 좋아 보인다.

마지막으로, 조나단 스위프트가 300년 전에 썼던 '내가 늙었을 때 명심해야 할 일'이라는 글을 끝으로 이 책을 마무리 짓겠다.

젊은 여성과 결혼하지 말 것.

젊은이들이 진정으로 원하는 경우가 아니면 친구 삼으려 하지 말 것.

짜증내거나 시무룩해 하거나 의심스러워하지 말 것.

현재의 방식, 유머, 패션, 남자, 전쟁 등을 비난하지 말 것.

아이들을 좋아하지 말며, 아이들이 내 곁에 절대로 오지 못하게 할 것 .

같은 사람한테 했던 말을 또 하고 또 하고 하지 말 것.

탐욕 부리지 말 것.

더러워지는 불안함 때문에 품위이나 청결을 무시하지 말 것.

젊은이들에게 너무 엄격하지 말고,

젊음에서 말미암는 어리석음과 약점을 참작할 것.

품위와 청결을 소홀히 하지 말 것.

조언이나 훈계를 남발하지 말 것.

나의 조언을 청하는 사람 외에는 청하지도 않은 조언은 삼갈 것.

많은 말을 삼갈 것. 특히 내 얘기를.

과거의 아름다움이나 건강을 자랑하지 말 것.

Banks, J., et al., eds.(2008), Living in the 21st Century: Older People in England. English Longitudinal Study of Ageing(Wave 3), Institute for Fiscal Studies.

de Beauvoir, S.(1970), The Coming of Age. Norton.

Carstensen, L. L., and Hartel, C.R., eds.(2006), When I'm 64. National Academies Press.

Cabeza R., et.al., eds. (2005), Cognitive Neuroscience of Aging: Liking Cognitive and Cerebral Aging. OUP.

de Grey, A., and Rae, M.(2007), Ending Aging .St Martins Press.

Jacoby, R., et.al. (2008), The Oxford Textbook of old Age Psychiatry. OUP.

Johnson, M.L., et al (2005), Handbook of Age and Ageing. Cambridge University Press.

Kirkwook, T. (1999), The Time of Our Lives: The Science of Human Aging. OUP.

Kurtx, I.(2009), About Time: Growing Old Disgracefully. John Willey.

Marmot, M. (2005), The Status Syndrome: How Social Standing Affects Our Health and Longevity. Owl.

Morley, J. E., 'A Brief History of Geriatrics' . Journal of Gerontology 2004, 59A, 1132-52

Neuberger, J. (22009), Not Dead Yet: A Manifesto for Old Age. Harper

Patridge, L. (2010), The New Biology of Ageing. Philosophical Transactions of the Royal Society, B, vol. 365, no. 1537, 147-54.

Sierra, F., et al. (2009), 'Prospects for Lifespan Extension'.

Skinner, B.F., and Vaughan, M. E. (1983), Enjoy Old Age.

Silverstone, B., and Hyman, H. (2008), You and Your Aging Parent. OUP.

당신 참 좋아 보이네요!

2011년 12월 2일 초판 1쇄 인쇄
2011년 12월 8일 초판 1쇄 발행

지은이 | 루이스 월퍼트
옮긴이 | 김민영
발행인 | 전재국

본부장 | 이광자
단행본개발실장 | 박지원
책임편집 | 정은선 김효선 박나미
마케팅실장 | 정유한
책임마케팅 | 정남익 노경석 김진학 신재은
제작 | 정웅래 박순이

발행처 (주)시공사
출판등록 1989년 5월 10일(제3-248호)
브랜드 알키

주소 | 서울 서초구 서초동 사임당로 82(우편번호 137-879)
전화 | 편집 (02)2046-2898 · 영업 (02)2046-2800
팩스 | 편집 (02)585-1755 · 영업 (02)588-0835
홈페이지 | www.sigongsa.com

ISBN 978-89-527-6354-9 03330

알키는 (주)시공사의 브랜드입니다.